Eileen Caddy & David Earl Platts

Entscheidungen fürs Leben

Eileen Caddy
& David Earl Platts

Entscheidungen fürs Leben

Ehrlich, offen und liebevoll

Aus dem Englischen von Anja Schmidtke

SILBERSCHNUR VERLAG

MIX
Papier aus verantwortungsvollen Quellen
FSC® C014138
FSC
www.fsc.org

Originaltitel: The Findhorn Book of »Learning to Love«

erschienen unter dem Titel »Die Tore zur Liebe öffnen. Ein Findhorn-Buch« mit der ISBN: 978-3-89845-288-5

ISBN: 978-3-89845-565-7
1. überarbeitete Auflage 2018

Aus dem Englischen von Anja Schmidtke
Alle mit einem * gekennzeichneten Zitate frei übersetzt von Anja Schmidtke

Gestaltung: XPresentation, Güllesheim
Umschlaggestaltung: XPresentation, Güllesheim; unter Verwendung verschiedener Motive von © cutecancerian und © Mikhail Zahranichny, www.fotolia.com
Satz: Eins64 GbR
Druck: Finidr, s.r.o. Cesky Tesin

Verlag »Die Silberschnur« GmbH · Steinstraße 1 · D-56593 Güllesheim
www.silberschnur.de · E-Mail: info@silberschnur.de

Inhaltsverzeichnis

Vorwort

Dieses Buch enthält editierte Auszüge aus dem umfassenden Arbeitsbuch *Bringing More Love Into Your Life: The Choice Is Yours,* das aus Workshops entstand, die die Autoren viele Jahre lang in der Findhorn-Gemeinschaft abhielten. Alle Workshops und Bücher gründen auf diesen Prinzipien:

- Liebe gibt es in vielen verschiedenen Formen, doch eine nützliche Arbeitsdefinition von Liebe ist: *mitfühlende Akzeptanz von und Achtung vor uns selbst und anderen.*

- Als *menschliche* Wesen sind wir mit der vollen Fähigkeit zu lieben geboren. Die Liebe ist unser gottgegebenes Erbe, ein göttlicher Funke, der in jedem von uns lebt, ein Funke, der sich finden und zu einer hell leuchtenden Flamme entfachen lässt.

- Als *spirituelle* Wesen sind wir reine Liebe, mit dem Bedürfnis, unsere grundlegende Natur zum Ausdruck zu bringen: zu lieben, zu dienen, Ganzheit und Einheit mit allem Leben zu fühlen.

- Schmerzvolle Erfahrungen haben dafür gesorgt, dass wir innere Schutzwälle zur Selbstverteidigung errichtet haben, die auch verhindern, dass Liebe frei fließen kann. Wir haben Ängste, Widerstände, Überzeugungen und Verhaltensmuster entwickelt, um diese Schutzwälle aufrechtzuerhalten.

- Die wichtigste Lektion im Leben ist es, lieben zu lernen. Deshalb sind wir hier auf der Erde, und deshalb steht Liebe für uns an erster Stelle. Keine Lektion ist so wichtig oder notwendig für uns wie diese.

- Wir können andere erst lieben, wenn wir uns selbst lieben, doch viele von uns lieben sich selbst oder andere nicht besonders frei, umfassend oder furchtlos.

- Ein wesentlicher Grund, warum viele von uns sich nicht selbst lieben, sind Zweifel an unserem eigenen Wert, da wir uns schon früh im Leben negative Überzeugungen angeeignet haben wie »Ich bin nicht gut genug«, »Ich bekomme nichts hin«, »Ich bin ein Versager«, »Ich bin minderwertig« oder »Ich verdiene keine Liebe.«

- Wir können *entscheiden,* uns selbst und andere zu akzeptieren und zu achten. Wir können *entscheiden,* unsere Überzeugungen und Verhaltensmuster zu ändern. Wir können *entscheiden,* unsere Schutzwälle abzubauen und den natürlichen Strom der Liebe in uns fließen zu lassen.

- Lieben lernen heißt lernen, diese Entscheidungen zu treffen und wirkungsvoll in die Tat umzusetzen. Aus Entscheidungen entstehen Eigenverantwortung und größere innere Freiheit.

- Was uns hilft, diese Entscheidungen zu treffen und in die Tat umzusetzen, ist ein tief in uns befindlicher, liebevoller, reiner, beständiger Mittelpunkt des Selbstbewusstseins, der Liebe und des Willens, der uns lebendig macht und uns leitet.

- Immer stehen wir an einer Kreuzung, an der wir die Wahl haben, mehr Liebe in unser Leben zu bringen. Es ist eine Entscheidung, die wir oftmals immer wieder treffen müssen, Tag für Tag, Augenblick für Augenblick.

- Unsere Entscheidung, liebevoller zu sein, kann uns leichter fallen, wenn wir entsprechende Prinzipien und Techniken der Selbsterkenntnis erlernen und anwenden, die ihren Ursprung oft in der Psychosynthese haben, einer ganzheitlichen, personenbezogenen Methodik für menschliches Wachstum und persönliche Entwicklung, die der italienische Psychiater Roberto Assagioli (1888-1974) einführte.

Die Psychosynthese hilft Menschen, ihre Probleme zu verstehen und zu meistern, ihre Beziehungen zu verbessern, ihr kreatives Potenzial zu verwirklichen, in einem breiteren sozialen und planetaren Zusammenhang einen positiven Beitrag zu leisten und den Sinn und Zweck des Lebens zu ergründen. Sie erkennt die essenzielle transpersonale oder spirituelle Natur des Menschen an und zeigt auf, dass wahre innere Meisterschaft mit Selbsterkenntnis und Selbstverständnis beginnt.

Dieses Buch lädt Sie ein, eine freie und fundierte Entscheidung zu treffen – eine, die einträglich und bereichernd für Sie sein wird –, und hilft Ihnen, diese Entscheidung klar und bestimmt in die Tat umzusetzen.

Kapitel 1

Sich dafür entscheiden zuzulassen

In diesem ersten Kapitel befassen wir uns mit der Bedeutung von Liebe und sehen uns ein paar einfache Methoden an, mit denen Sie mehr Liebe in Ihr Leben bringen können.

Was ist Liebe?

Das Wort Liebe hat für unterschiedliche Menschen ganz unterschiedliche Bedeutungen. Für einige ist es heilig, für andere bedeutungslos. Doch jeder reagiert auf die eine oder andere Art innerlich auf Liebe.

Einige von uns setzen sexuelles Verlangen mit Liebe gleich. Andere meinen damit Gefühle wie Zuneigung und Romantik. Wieder andere verstehen Wertschätzung und Mitgefühl darunter. Und einige von uns sind der Auffassung, Liebe sei das universelle Prinzip von Anziehung und Vereinigung.

Was denken Sie über Liebe? Was bedeutet Liebe für Sie? Überlegen Sie einen Augenblick, wie Sie das Wort normalerweise gebrauchen.

Man kann Liebe so definieren, dass man beschreibt, was sie ist, und auch, was sie nicht ist. Vielleicht haben Sie diese Methode gerade auch angewandt.

Eine solche Beschreibung von Liebe findet sich im ersten Brief des Apostels Paulus an die Korinther, 13:4-8:

Die Liebe ist langmütig und freundlich, die Liebe eifert nicht, die Liebe treibt nicht Mutwillen, sie blähet sich nicht, sie stellet sich nicht ungebärdig, sie suchet nicht das Ihre, sie lässt sich nicht erbittern, sie rechnet das Böse nicht zu, sie freut sich nicht der Ungerechtigkeit, sie freut sich aber der Wahrheit; sie verträgt alles, sie glaubet alles, sie hoffet alles, sie duldet alles. Die Liebe höret nimmer auf.

Für viele von uns ist Liebe ein schwer fassbares und emotional beladenes Wort mit einer Vielzahl von Bedeutungen. Im Laufe dieses Buches werden Sie vielleicht feststellen, dass sich Ihre Definition von Liebe verändert.

Die Realität der Liebe

Die folgenden Aussagen geben eine Reihe von Überzeugungen wieder, die Menschen über die Liebe haben.

- Es gibt auf dieser Welt keine Liebe. Es ist nur ein Wort wie »Sicherheit«, das einen idealen Zustand beschreibt, der im Leben so einfach nicht existiert.
- Liebe wurde von einigen wenigen, besonderen Lehrern auf dieser Welt zum Ausdruck gebracht, wie Buddha, Jesus, Krishna, Mohammed und Moses, aber für uns Sterbliche liegt sie eigentlich außer Reichweite.
- Ich sehe andere Menschen Liebe ausdrücken, aber ich bin mir nicht sicher, ob ich selbst jemals Liebe empfunden habe, deshalb fällt es mir eher schwer, etwas dazu zu sagen.
- Ich weiß, dass ich fähig bin, Liebe zu geben und zu empfangen, ich kann das in mir und vielen anderen spüren.
- Ich versuche so gut ich kann, frei, umfassend und furchtlos zu lieben.
- Ich bin reine Liebe. Alles andere ist bloß Angst, Illusion und Gerede.

Und Sie selbst? Was ist Liebe für Sie? Ist es eine dieser Aussagen? Eine Kombination daraus? Oder etwas vollkommen anderes?

Liebe definieren

Wir, die Autoren, haben in Sachen Liebe schon einige Lektionen hinter uns, und wir lernen nie aus. Seien Sie sich also bewusst, dass wir uns hier nicht als Experten präsentieren und behaupten, wir wüssten auf alles eine Antwort. Davon sind wir weit entfernt. Ein Sprichwort sagt, dass Menschen das lehren, was sie am meisten lernen müssen. Wir sind uns sicher, dass wir nicht aus Zufall seit vielen Jahren in der Findhorn-Gemeinschaft und anderswo über Liebe lernen und lehren.

Was ist Liebe? Wir hören davon. Wir reden davon. Aber was bedeutet das Wort? Im Wörterbuch ist Liebe eines der missverständlichsten Wörter. Liebe ist nicht nur ein Wort. Sie ist Essenz. Sie ist Schwingung. Sie ist Macht. Sie ist das Leben selbst.

Liebe ist die kostbarste Energie im gesamten Universum. Warum? Weil Liebe jede Angst überwindet. Liebe ist der Balsam, dem die Macht zur Heilung und Erneuerung innewohnt. Sie ist der Schlüssel zu jeder Tür.

Wenn wir unser Herz öffnen, beginnen wir, die wahre Bedeutung von Liebe zu verstehen. Ein verschlossenes Herz weiß nichts von Liebe. Wir können Liebe kennen, wir können sie fühlen, und doch können wir sie nicht festhalten, denn je mehr wir versuchen, sie zu besitzen, desto mehr entzieht sie sich uns. Liebe ist so frei wie der Wind und kennt keine Schranken oder Grenzen.

Wahre Liebe ist niemals besitzergreifend; sie legt einen anderen Menschen niemals in Ketten, sondern sehnt sich danach, dass jede Seele frei und unabhängig ihren rechtmäßigen Platz im vollkommenen Gefüge aller Dinge einnimmt. Aus Liebe entsteht Freiheit. Angst bindet und begrenzt; Liebe durchtrennt alle Fesseln und befreit.

Liebe ist nichts, was gekauft, verkauft, gewogen oder gemessen werden kann. Wir können Liebe nur geben. Liebe wohnt in allem und jedem in unterschiedlichem Maße und wartet nur darauf, ans Licht gebracht zu werden. Liebe ist nichts, was von uns getrennt ist; Liebe ist, was wir sind. Wir alle sind mit der Fähigkeit geboren zu lieben und geliebt zu werden. Jeder von uns ist hier auf der Erde, um Liebe zu sich selbst und zu anderen zum Ausdruck zu bringen.

Dem Ruf der Liebe zu folgen erfordert viel Mut und Entschlossenheit, weil Verletzlichkeit auch immer das Risiko in sich trägt, abgelehnt zu werden. Aber ohne Verletzlichkeit ist Liebe unmöglich, und ohne Liebe ist das Leben unvollständig.

Liebe ist die unbeschreibbare, mächtige Energie, die durch unser ganzes Wesen hinaus zu allen Mitmenschen strömt und uns befähigt, über die äußere Form hinauszusehen und die Göttlichkeit in jedem Einzelnen zu erkennen, was in uns ein Gefühl der Einheit, Ganzheit und des »Gottesfriedens, der jedes Verständnis übersteigt« entstehen lässt.

Liebe hat zwar viele Formen, aber wir haben gelernt, dass die wichtigste Form der Liebe die Selbstliebe ist – nicht Egoismus, sondern Selbstakzeptanz, Selbstwertschätzung, Selbstachtung. Ohne sie können wir einen anderen Menschen nicht echt und umfassend lieben. Denn dann bleiben wir einfach nur bedürftig und suchen außerhalb unserer selbst nach Bestätigung, Aufwertung und Liebe.

Akzeptanz und Achtung

In unseren Workshops und Büchern verwenden wir diese Arbeitsdefinition: »Liebe ist die mitfühlende Akzeptanz von und Achtung vor unserem Selbst und anderen.«

Sich zu entscheiden zu lieben bedeutet demnach zu lernen, uns selbst und andere so zu nehmen, wie wir sind. Es bedeutet zu lernen, uns selbst und andere zu achten. Es bedeutet, mitfühlend, liebevoll, warm und verständnisvoll zu handeln.

Aber wie steht es eigentlich mit Gefühlen, Romantik, Empfindungen – wie lassen sie sich in eine Definition von Liebe einfügen? Der Philosoph Martin Buber sagt: »Liebe ist kein Gefühl. Gefühle begleiten die Liebe, aber sie machen sie nicht aus.«* Auch der Theologe Millar Burrows ist der Meinung, die Liebe sei »kein Gefühl, sondern eine Gesinnung des Willens ... Den Nachbarn zu lieben heißt nicht, Zuneigung für ihn zu empfinden, sondern, ihm Gutes zu wünschen und Gutes für ihn zu erstreben.«* Zweifellos ist Liebe mehr als nur ein Gefühl.

*Alle mit einem * gekennzeichneten Zitate frei übersetzt von Anja Schmidtke*

Als Maßstab für uns selbst definieren wir Liebe sogar noch einfacher, indem wir sagen: Lieben heißt zulassen. Das Ausmaß, in dem wir zulassen können, wir selbst zu sein – das heißt, uns selbst und andere urteilslos und kritiklos zu akzeptieren – ist das Ausmaß, in dem wir wirklich lieben.

Wir können uns entscheiden, uns selbst und andere zu akzeptieren und zu achten. Wir können uns entscheiden zuzulassen, dass wir und andere wir selbst sind. Und so können wir uns entscheiden zu lieben und mehr Liebe in unser Leben zu bringen.

Reinformen und Verzerrungen

Die Qualität von Liebe kann auf vielerlei Arten erfahren und ausgedrückt werden. Einige können als Reinformen betrachtet werden, andere sind verzerrt durch unsere Bedürfnisse, Wünsche und Erfahrungen. Die folgende Liste enthält Beispiele für beide Formen. Um einen Sinn für Liebe und für Ihr Verhältnis zu ihr zu bekommen, überlegen Sie einen Augenblick, wie oft Sie folgende Eigenschaften erfahren oder zum Ausdruck bringen.

Reinformen von Liebe	*Verzerrungen von Liebe*
Achtung	Abhängigkeit
Akzeptanz	Angepasstheit
Einbeziehung	Angst vor Ablehnung

Eintracht/Einheit	Ausschließen
Empfänglichkeit	Bedürftigkeit
Miteinander	Besitzergreifen
Mitgefühl	Bindung
Offenheit	Eifersucht
Sensibilität für andere	Ich-Bezogenheit
Vertrauen	Sentimentalität

Die Leiter des Lebens

Der Schriftsteller und Humorist Mark Twain sagte: »Mit leerem Magen haben Prinzipien nicht mehr viel zu sagen.«* Seine Aussage, die der Psychologe Abraham Maslow später in seinen Schriften wieder aufgriff, vermittelt, dass wir unterschiedliche Arten von Bedürfnissen haben und es Prioritäten gibt, wonach einige Bedürfnisse zunächst befriedigt sein müssen, bevor andere erfüllt werden können.

So wird uns das Prinzip der Liebe (und das damit einhergehende Bedürfnis nach Akzeptanz und Einbeziehung) nicht viel bedeuten, wenn wir grundlegendere Bedürfnisse noch nicht erfüllt haben: Essen im Magen. Kleidung auf der Haut. Ein Dach über dem Kopf.

Wir haben eine einfache Leiter aus Eigenschaften entworfen, in der Liebe in eine Beziehung zu anderen persönlichen Bedürfnissen gesetzt wird.

EINHEIT
FRIEDEN
LIEBE
FREIHEIT
ENTSCHEIDUNGSFÄHIGKEIT
BEWUSSTHEIT
OFFENHEIT
VERTRAUEN
SICHERHEIT

Jeder der ersten sieben Eigenschaften widmen wir in diesem Buch ein eigenes Kapitel. Das Thema von Kapitel 2, *Sicherheit,* ist die erste Sprosse unserer Leiter. Gewöhnlich müssen wir uns erst sicher und geschützt fühlen, bevor wir bereit sind, uns hinauszuwagen, uns etwas zu trauen, etwas zu riskieren.

Sobald wir uns aber sicher fühlen, wird die Eigenschaft *Vertrauen* für uns greifbarer. Wir finden es schwierig (aber nicht unmöglich) zu vertrauen, wenn wir uns nicht sicher fühlen, und leichter, wenn dieses Grundbedürfnis erfüllt ist. Unsere Leiter sagt uns auch, dass wir *erst* vertrauen müssen, bevor wir lieben können.

Vertrauen führt uns dann zur dritten Sprosse, *Offenheit,* das heißt, freimütig, schutzlos und verletzlich zu sein. Es fällt uns schwer, offen zu sein, wenn wir nicht vertrauen können – uns, anderen, dem Leben, Gott. Vertrauen gibt uns die Freiheit, ehrlich und offen zu sein.

Je offener wir sind, desto bewusster können wir sein. Auch das Gegenteil trifft zu: Je verschlossener wir sind, desto weniger nehmen wir wahr, was in unserem Leben geschieht. Deshalb ist die nächste Sprosse unserer Leiter die *Bewusstheit*.

Mit Bewusstheit entsteht *Entscheidungsfähigkeit*. Wenn wir uns unserer Verhaltensmuster und blinden Flecken bewusst werden, können wir die Entscheidung treffen, sie zu behalten, wenn wir meinen, dass sie uns dienlich sind, oder sie zu ändern, wenn sie uns zu sehr einschränken. Dann können unsere Entscheidungen bewusster und bereichernder für unser Leben werden statt unbewusst und einschränkend.

Entscheidungsfähigkeit führt zu größerer *Freiheit*. Wie können wir das erkennen? Wann fühlen wir uns nicht selbstbestimmt und frei? Dann, wenn wir das Gefühl haben, dass uns die Entscheidung abgenommen wird. Eine Entscheidung zu treffen und in die Tat umzusetzen macht also frei, selbstbestimmt und stärker und verhindert, dass wir uns ausgeliefert, schikaniert oder hilflos fühlen.

Freiheit bereitet den Weg für die *Liebe*, die siebte Sprosse unserer Leiter. Wir können nur lieben, wenn wir uns frei fühlen, das heißt, wenn wir nicht von Sorgen, Ängsten und den daraus entstehenden Verhaltensmustern eingeschränkt werden.

Liebe fördert *Frieden*. Es fällt uns schwer, uns friedvoll zu fühlen, wenn keine Liebe da ist. Liebe zu uns selbst und anderen schafft Frieden.

Frieden bringt ein Gefühl der *Eintracht* in uns hervor, eine Vernetzung mit der Menschheit, mit allem Leben, mit dem Gott-Selbst im Mittelpunkt unseres Wesens.

ANMERKUNG: Diese Reihenfolge von Eigenschaften ist kein linearer, abgestufter Prozess. Offenheit zum Beispiel kann direkt zu Freiheit führen: Je offener wir sind, desto freier sind wir gewöhnlich. Denken Sie auch daran, dass wir uns in einem bestimmten Bereich unseres Lebens auf einer Sprosse befinden können, etwa in unserer Arbeit, und in einem anderen Bereich auf einer ganz anderen Sprosse, wie zum Beispiel in unseren persönlichen Beziehungen.

Übung: aus Erfahrung lernen

Wir haben in jedes Kapitel kurze Übungen eingebaut, damit Sie relevante Aspekte jedes Themas für sich selbst näher betrachten können.

Diese Übung zeigt auf, wie wir bisherige Erfahrungen nutzen können, um zu neuer Bewusstheit zu gelangen. Wir schlagen Ihnen vor, die Übung vorher aufzunehmen, damit Sie sie ungehindert und ohne Unterbrechungen durchführen können. Lesen Sie den Text beim Aufnehmen eher langsam vor, und fügen Sie ausreichend lange Pausen ein, in denen Sie die Anweisungen befolgen können. Halten Sie bei drei Pünktchen (...) immer 10-30 Sekunden inne, um jeden Schritt ganz erfahren zu können.

Vermeiden Sie es, durch die Übung zu hetzen. Nehmen Sie sich Zeit.

Da Sie die Übungen wohl für sich selbst aufnehmen werden, wechseln wir bei dieser wie auch bei allen folgenden Übungen bewusst von der förmlichen Anrede in die Du-Form über.

Schließe die Augen ... Sitze gerade ... Atme ein paarmal tief ein und aus ... Entspanne dich ... Erlaube deinem Körper, deinen Gefühlen und Gedanken, still zu werden ... Werde wie ein ruhiger, stiller See ...
Wenn du bereit bist, lass zu, dass eine Erinnerung an eine Zeit zu dir kommt, in der du dich voller Liebe fühltest ... Vielleicht galt deine Liebe dir selbst, einem anderen Menschen, einem Tier, einem Gegenstand, einem Anlass, Gott oder etwas ganz anderem ... Vielleicht ist es auch eine Erfahrung, die noch nicht so lange her ist oder schon sehr lange, vielleicht sogar aus deiner Kindheit ...
Nimm dir Zeit ... Warte geduldig in der Stille, in dem Wissen, dass bald etwas zu dir kommen wird ... Sei bereit zu akzeptieren, was kommt, ohne es zu beurteilen, zu zensieren oder abzulehnen ... Sei einfach nur bereit, es zu beobachten und zu untersuchen, mit dem Ziel, mehr darüber zu erfahren ...
Wenn eine Erinnerung zu dir kommt, lass zu, dass besondere Einzelheiten sie begleiten ... Beobachte und erkunde diese Erfahrung mit so vielen Sinnen, wie du kannst ... Erlebe sie neu ... Lass sie noch einmal

sehr real werden, aber vermeide es, dich darin zu verlieren ... Und wenn du dann bereit bist, denke über folgende Fragen nach ...

- *Wie erlebst du Liebe? ... Wie fühlt es sich für dich an zu lieben? ...*
- *Wie kommt Liebe in deinem Körper zum Ausdruck – welche körperlichen Empfindungen begleiten die Erfahrung der Liebe für dich? ...*
- *Wie kommt Liebe in deinen Gefühlen zum Ausdruck – welche Gefühle begleiten die Erfahrung der Liebe für dich? ...*
- *Wie kommt Liebe in deinem Geist zum Ausdruck – welche Gedanken, Ideen oder Überzeugungen begleiten die Erfahrung der Liebe für dich? ...*

Stellen Sie nun eine neue Definition von Liebe auf, nur *gründen Sie sie diesmal ausschließlich auf Ihre persönliche Erfahrung von Liebe* ... Sehen Sie sich Ihre Antworten auf die gerade gestellten Fragen an, und nutzen Sie sie als persönlichen Maßstab dafür, was Liebe für Sie ist ...

Wie ist es für Sie, Ihre Erfahrung auf diese Weise zu nutzen, das heißt als Bezugsrahmen und Quelle der Weisheit?

Sie können sich gerne Notizen zu Ihrer Erfahrung mit dieser Übung machen oder Zeichnungen anfertigen. Hat sie Ihnen neue Einsichten oder Erkenntnisse gebracht?

In die Tat umsetzen

In diesem letzten Teil jedes Kapitels ermutigen wir Sie, das Gelernte anzuwenden, es aus den Seiten dieses Buches herauszuheben und es in Ihren Alltag einzubringen. Hier sind ein paar einfache Methoden, mit denen Sie direkt beginnen können.

1. **Verhaltensmodelle.** Ein Weg, um mehr Liebe in Ihr Leben zu bringen, besteht darin, Menschen zu beobachten, die Sie bewundern und die Liebe wirkungsvoll ausdrücken, und zu notieren, wer sie sind und wie sie es machen. Die Idee ist, sie nicht einfach zu imitieren, sondern die ehrenwerten Eigenschaften in ihnen (etwa Akzeptanz, Mitgefühl, Offenheit, Achtung oder Vertrauen) und ihr Verhalten herauszufinden, die offenbar zu ihrem Erfolg als liebevolle Individuen beitragen, und dann Wege zu finden, diese wünschenswerten Eigenschaften öfter in Ihrem Leben zum Ausdruck zu bringen, bis sie zu einen natürlichen Teil von Ihnen werden.

2. **Stichwortkarten.** Eine Methode, eine wünschenswerte Eigenschaft in Ihr Leben zu bringen, ist es, den Namen dieser Eigenschaft auf Karten zu schreiben und sie zu Hause an markanten Stellen zu platzieren, wo Sie sie mehrmals täglich sehen: neben Ihrem Bett, auf Ihrem Schreibtisch, an einer Tür, an einer Wand, am Badezimmerspiegel, am Kühlschrank. So entwickelt sich in

Ihnen diese Eigenschaft durch subtile Programmierung. Oft genug wiederholt wird die Eigenschaft in Ihrem Leben immer mehr verstärkt, geweckt und zum Ausdruck gebracht.

3. Brainstorming. Nehmen Sie sich Zeit, um Methoden zusammenzutragen, wie Sie mehr Liebe in Ihren Alltag bringen können. Beim Brainstorming geht es darum zuzulassen, dass Ihnen möglichst schnell viele Ideen einfallen. Vermeiden Sie es, eine Idee zu bewerten, zu beurteilen oder abzulehnen. Schreiben Sie einfach alles so auf, wie es Ihnen spontan einfällt. Sehen Sie sich dann Ihre Antworten an. Wählen Sie eine aus, nach der Sie gerne handeln möchten, und denken Sie sich den ersten Schritt aus, den Sie dafür unternehmen können. Halten Sie detailliert fest, wann, wo und wie Sie die Methode planen. Gehen Sie Schritt für Schritt vor. Womöglich werden Sie überrascht sein, wie einfach (oder wie schwierig) es sein kann.

4. Inspirierende Worte lesen. Eine völlig andere Herangehensweise ist es, Literatur über Liebe (Belletristik und Sachbücher, Prosa und Poesie) zu lesen, die Sie inspiriert und liebevolle Gefühle in Ihnen weckt – alles, was Liebe allgegenwärtig in Ihrem Leben macht, denn dann wird sie realer und greifbarer, und Sie können besser darauf zurückkommen und sie besser ausdrücken.

In jedem Kapitel empfehlen wir geeignete Bücher, die Sie interessieren könnten. Hier sind unsere ersten Favoriten:

- *Daily Guideposts* ist ein exzellentes Buch (mit jährlichen Neuauflagen) mit 365 Gedanken für jeden Tag.
- *Daily Word,* das monatliche Unity-Magazin (englische und amerikanische Ausgaben), schenkt uns täglich neue Inspirationen.
- *Herzenstüren öffnen,* unser eigenes Buch, ist ein kurzer, inspirierender Leitfaden für jeden Tag des Jahres.

Ein genaues Literaturverzeichnis mit allen Büchern finden Sie unter *Literaturempfehlungen* auf S. 221f.

5. **Persönliches Ziel.** Setzen Sie sich ein persönliches Ziel, eine wichtige Aufgabe, die Sie in den nächsten sieben Tagen verwirklichen wollen. Wirkungsvolle persönliche Ziele haben diese Eigenschaften:

- Sie sind einfach. Die komplexesten Aufgaben können in kleine, überschaubare Teile aufgegliedert werden, so dass Erfolge wahrscheinlicher werden. Zum Beispiel könnte das Ziel »Ich werde lernen, meine Eltern zu lieben« mit dem ersten Schritt eines einfacheren Ziels beginnen: »Ich werde einen Brief an meine Eltern schreiben.«
- Sie sind präzise. Ein Ziel muss so genau formuliert sein, dass wir ganz klar wissen, wenn wir es erreicht

haben. Das allgemeine Ziel »Ich werde liebevoller sein« wäre nur schwer einzuschätzen. Das konkretere Ziel »Ich werde mindestens zweimal im Monat Freunde zu mir einladen« hingegen können wir einfacher überprüfen.

- Sie beschreiben eine Handlung, die beobachtet werden kann. Somit fordern sie uns zum Handeln auf. »Ich werde mehr Rücksicht auf meine Kinder nehmen« beschreibt eine Einstellung, die nicht unbedingt direkt beobachtet werden kann, wohingegen »Ich werde meinen Kindern jeden Tag etwas vorlesen« eine nachweisbare Handlung ist.

- Sie spiegeln unsere Werte, Prioritäten und Wünsche wider und haben daher als Absichtsbekundungen unsere volle, uneingeschränkte Unterstützung.

- Sie sind positiv und mit Nachdruck formuliert und beginnen mit »Ich werde ...«

Sich die Möglichkeiten anzusehen, dann eine Entscheidung zu treffen, danach zu handeln und das Ziel zu erreichen gibt Ihnen positive Energie und befähigt sowie bestärkt Sie darin, mehr Liebe in Ihr Leben zu bringen.

Als Nächstes wollen wir uns in Kapitel 2 genauer ansehen, was Sie eigentlich davon abhält, freier und umfassender zu lieben.

Kapitel 2

Sich dafür entscheiden, sich sicher zu fühlen

In diesem Kapitel sehen wir uns Blockaden und Barrieren gegen die Liebe einmal genauer an.

Wir sind reine Liebe

Dieses Buch vertritt den Standpunkt, dass wir aus reiner Liebe gemacht sind. Die Liebe ist es, wer und was wir im Wesentlichen sind. Zu entscheiden zu lieben bedeutet deshalb zu entscheiden, mehr wir selbst zu sein. Es bedeutet zu entscheiden, uns und andere zu akzeptieren und zu achten. Es bedeutet zu entscheiden zuzulassen, dass wir und andere wir selbst sind, ohne Urteile zu fällen oder Forderungen zu stellen.

Daher ist es gar nicht notwendig, erst auf äußere Bedingungen zu warten – den richtigen Zeitpunkt, die richtige Person oder die richtige Kombination von Ereignissen –, bevor wir umfassender lieben können. Wir müssen nicht darauf warten, dass Aschenputtel oder ein Märchenprinz auftaucht, um unser Herz zu erobern. Wir müssen nicht darauf warten, dass die Liebe zu uns kommt. Liebe auszudrücken ist eine Frage der Entscheidung, eine Entscheidung, die zu treffen immer bei uns liegt.

Wenn wir sagen, dass wir mehr Liebe in unserem Leben wollen, was hält uns dann davon ab, diese Entscheidung auch zu treffen? Im Buch *Ein Kurs in Wundern* heißt es dazu:

> *Deine Aufgabe besteht nicht darin, Liebe zu suchen, sondern allein darin, alle Hindernisse, die du dagegen aufgebaut hast, in dir selbst zu suchen und zu finden. Es ist nicht nötig, nach dem zu suchen, was wahr ist, sondern es ist nötig, nach dem zu suchen, was unwahr ist.*

Mit dieser Betrachtungsweise stimmen wir überein und gründen das allgemeine Konzept dieses Buches darauf. Deshalb werden wir uns nun einmal genauer ansehen, was uns daran hindert, die Entscheidung zu treffen, Liebe umfassender zu geben und zu empfangen.

Gründe, nicht offener zu sein für die Liebe

Menschen geben ganz unterschiedliche Gründe dafür an, nicht offener zu sein für die Liebe. In der folgenden

Liste sind einige typische Gründe aufgeführt. Haben Sie schon einmal irgendeinen davon selbst vorgebracht?

- Ich bin sehr offen für die Liebe, aber mir ist einfach noch nicht der/die Richtige begegnet.
- Ich bin glücklich, so wie ich bin. Mein Leben ist sehr erfüllend und befriedigend.
- Ich bin im Moment sehr beschäftigt und habe keine Zeit oder Energie für solche Dinge.
- Ich weiß nicht, was Liebe ist, wie also soll ich Liebe geben?
- Ich bin nicht liebenswert.
- Ich bin nicht gut genug. Ich verdiene keine Liebe.
- Mit mir stimmt etwas nicht.
- Niemand könnte mich lieben, wenn er wüsste, wie ich wirklich bin.
- Ich weiß nicht, wie man liebt.
- Ich bin unfähig zu lieben.
- Ich will die ganze Schererei, den Ärger und die Mühsal gar nicht haben.
- Männer/Frauen wollen doch sowieso nur eines.
- Ich habe Angst, manipuliert, ausgenutzt oder missbraucht zu werden.
- Ich habe es versucht, und ich werde nie wieder jemanden so nah an mich heranlassen.

- Liebe tut weh.
- Vielleicht muss ich dann meine Freiheit aufgeben.
- Ich gehe nicht gerne Verpflichtungen ein.
- Ich bin nicht bereit für diese Verantwortung.
- Ich habe Angst, ich könnte davon überwältigt werden und meine eigene Identität verlieren.
- Ich habe Angst, den Rest meines Lebens in der Falle zu sitzen.
- Ich bin lieber mit mir selbst unglücklich als mit jemand anderem.
- Ich kann anderen nicht vertrauen.
- Ich muss die Kontrolle haben, um mich sicher zu fühlen.
- Ich habe Angst vor anderen Menschen.
- Meine Liebe ist zu wertvoll, um einfach an alle und jeden verteilt zu werden.
- Es ist nicht mein Schicksal oder Karma in diesem Leben.

Alle diese Aussagen, so ehrlich und stichhaltig sie auch scheinen, helfen uns eigentlich nur, die Entscheidung zu vermeiden, mehr Liebe in unser Leben zu bringen. Es sind Ausflüchte, die wir uns selbst und anderen vorsetzen, und daher selbst auferlegte Beschränkungen.

Konditionierungen aus der Kindheit

Als Kind nehmen wir uns für gewöhnlich unsere Eltern zum Vorbild. Wir imitieren ihre Art zu sitzen, zu stehen, zu gehen und zu sprechen. Wir übernehmen ihre Gewohnheiten, Vorlieben, Abneigungen, Einstellungen und Überzeugungen. Deshalb können wir Gründe dafür, wie wir uns als Erwachsene verhalten, oftmals in unserem frühen Leben zu Hause und in den Menschen finden, die uns als Verhaltensmodelle dienten.

Wir sind der Auffassung, dass Blockaden und Barrieren gegen die Liebe oft in Form von Selbstzweifeln, Überzeugungen und Ängsten daherkommen, die auf Konditionierungen in der Kindheit beruhen. Wir haben viele Botschaften unserer Eltern in uns aufgenommen, sowohl direkt durch Worte (wenn ein Elternteil zum Beispiel sagte: »Man kann Menschen nicht vertrauen!«) als auch indirekt durch die Beobachtung ihres Verhaltens (Überzeugungen oder Handlungen eines Elternteils, die uns vielleicht vermittelten: »Das Leben ist ein Kampf.«).

Oft enthalten diese Botschaften ausdrückliche oder implizite Warnungen, die wir einfach »Solltes« nennen, weil dieses Wort immer wieder darin auftaucht: »Du *solltest* immer dieses tun oder du *solltest* niemals jenes tun.«

Wenn wir diese Botschaften später als reife, kritische Erwachsene nicht neu bewerten, halten wir sie und ihre »Solltes« für selbstverständlich, und so prägen sie dann automatisch weiter unsere Einstellungen, Überzeugungen und Verhaltensweisen, ohne dass wir uns jemals absichtlich dafür entschieden hätten.

Daher ist es nützlich, sich noch einmal die einzelnen Menschen und Institutionen vor Augen zu führen, die einen starken Einfluss auf uns als Kind hatten, etwa Mutter, Vater, Geschwister und andere enge Verwandte, Lehrer, geistliche Oberhäupter, ja sogar Menschen und Situationen aus den Massenmedien wie Radio, Fernsehen, Kino, Videos, Bücher und Zeitschriften.

Wir können uns selbst fragen: »Welche Botschaft und welches ›Sollte‹ über die Liebe habe ich als Kind aus dieser Quelle erhalten? Welches Gefühl gibt mir diese Botschaft und dieses ›Sollte‹ jetzt als *Erwachsener*?«

Wir können beschließen, mit welcher dieser Botschaften und »Solltes« wir jetzt als Erwachsene immer noch einverstanden sind, und *uns bewusst und frei dafür entscheiden, sie beizubehalten,* und wir können beschließen, mit welchen wir jetzt nicht mehr übereinstimmen, und *uns bewusst und frei dafür entscheiden, sie zu verwerfen.*

Dies gibt Kraft und hilft zu erkennen, welche unserer Überzeugungen und Verhaltensweisen aus Konditionierungen in der Kindheit stammen und welche die Folge einer freien und bewussten Entscheidung von uns als Erwachsene sind.

Blockaden, Schatten und Ängste

Um Blockaden aus dem Weg zu räumen, müssen wir zunächst herausfinden, worin genau sie bestehen, damit wir sie auch erkennen können, wenn sie gerade aktiv sind. Wenn wir blind für unsere Blockaden sind, können wir nichts an ihnen ändern, und sie üben weiter ihren einschränkenden, ja manchmal sogar lähmenden Einfluss auf uns aus.

Der zweite Schritt besteht darin, sie als Teil von uns zu akzeptieren und weder sie noch uns dafür zu verurteilen, dass sie existieren (ansonsten haben wir vor allen Dingen nur noch Schuldgefühle). Wir müssen unsere Blockaden, unsere Verteidigungsmechanismen ehren. Sie haben uns geholfen zurechtzukommen, zu überleben. Erst dann sind wir bereit und können uns entscheiden, sie eine nach der anderen gehen zu lassen.

Einige Menschen nennen ihre inneren Blockaden und Barrieren ihre »Schatten« oder ihre »dunkle« Seite und geben ihnen damit den Anschein, geheimnisvoll, ja sogar bedrohlich zu sein und schwierig, wenn nicht gar unmöglich zu beherrschen.

Wir gehen positiver an die Sache heran und richten uns nach dem italienischen Psychiater Roberto Assagioli, dem Gründer der Psychosynthese, der in *Die Schulung des Willens* schreibt:

> *Viele Menschen haben Angst vor der Liebe, haben Angst davor, sich einem anderen Menschen, einer Gruppe oder einem Ideal gegenüber zu öffnen.*

Aufrichtige und ehrliche Selbst-Prüfung und Selbst-Analyse oder eine mit Hilfe von anderen geführte Analyse sind die Mittel, diese Widerstände und Ängste zu entdecken und freizulegen und sie dann loszuwerden.

Er schlägt vor, so mit dem »Schatten« umzugehen, dass man einfach Seite an Seite mit ihm hinaus ins Licht geht, das heißt ins Licht des Bewusstseins, denn darin liegt die Macht der Entscheidung. Nur wenn wir uns unserer Blockaden bewusst werden, sie als Teil von uns anerkennen und akzeptieren, können wir uns schließlich auch entscheiden, etwas an ihnen zu ändern, wenn wir das möchten.

Ein Ziel dieses Buches ist es daher zu zeigen, dass es sowohl wünschenswert als auch möglich ist, diese »aufrichtige und ehrliche Selbst-Prüfung und Selbst-Analyse« durchzuführen.

Wir nennen dieses Kapitel *Sich dafür entscheiden, sich sicher zu fühlen,* weil wir festgestellt haben, dass der Hauptgrund dafür, dass die meisten von uns nicht die Entscheidung treffen, freier und umfassender zu lieben, darin liegt, dass wir uns in irgendeiner Weise in Bezug auf Menschen, Beziehungen, Liebe oder sogar das Leben selbst unsicher und schutzlos fühlen. Wir fürchten alles, was passieren könnte, wenn wir uns selbst dafür öffnen, Liebe bereitwilliger zu geben und zu empfangen.

Was ist Angst?

Angst beginnt als Gedanke, als Vorwegnahme der Möglichkeit irgendeines ungewollten Ereignisses. Auf den Gedanken folgen schnell eine oder mehrere gefühlsmäßige Reaktionen – Besorgnis, Furcht, Panik, Schrecken –, begleitet von Gefühlen der Unsicherheit, Verletzlichkeit und Sorge.

Die folgende Liste nennt übliche Ängste, die viele von uns haben. Welche könnten Sie Ihrer Meinung nach davon abhalten, sich für mehr Liebe zu entscheiden?

- Angst, benutzt zu werden
- Angst vor einer Falle
- Angst, die eigene Identität zu verlieren
- Angst vor Machtlosigkeit
- Angst, die Kontrolle zu verlieren
- Angst vor Manipulation
- Angst, missbraucht zu werden
- Angst vor Nähe
- Angst, verletzt zu werden
- Angst vor Verantwortung
- Angst vor Ablehnung
- Angst vor Verbindlichkeit
- Angst vor dem Unbekannten
- Angst vor Versagen

Die meisten von uns haben solche Ängste. Nur wenige von uns sind vollkommen angstfrei. Die Aufgabe besteht also darin, unsere Ängste und ihre Auswirkungen auf uns zu erkennen, sie dann als Teil von uns zu akzeptieren und schließlich ihren einschränkenden Einfluss auf uns zu vermindern oder zu stoppen. Überlegen Sie einmal, was Sie auf diese Fragen zum Thema Angst antworten würden:

- Wie ängstlich sind Sie?
- Wie sehr beeinflussen Ihre Ängste Sie? Wie stark sind sie? Wie einschränkend sind sie?
- Wann und wie übernehmen Ihre Ängste Ihre Beziehungsentscheidungen für Sie? Wann und wie lassen Sie zu, dass sie Sie davon abhalten, etwas zu sein oder zu tun?
- Was ist das Schlimmste an Ihren Ängsten? Was ist das Beste?
- Wie gehen Sie gewöhnlich mit unangenehmen Gefühlen wie Angst um? Mit welchen Methoden tun Sie das normalerweise? Was genau tun Sie?

Übung: Ein Symbol für die Angst finden

Sehen wir uns nun einmal die *genaue* Angst an, die Sie davon abhält, mehr Liebe in Ihr Leben zu bringen, denn wie wir bereits sagten, ist das Erkennen Ihrer Angst der erste Schritt, um sie zu überwinden.

In dieser Übung sollen Sie sich entspannen und ein Bild oder ein anderes Symbol in sich entstehen lassen, das Ihre Angst verkörpert, um dann die Bedeutung herauszufinden, die es für Sie hat. Einige Menschen sehen diese Bilder einfach nur als Produkt ihrer Fantasie und nehmen sie daher kaum ernst. Wir meinen, dass solche Bilder sehr anschaulich sein können und wertvolle Informationen für Sie in sich bergen, wenn Sie bereit sind, sich eingehender mit ihnen zu befassen. Daher raten wir Ihnen auch, genau auf Ihre Träume zu achten, da in ihnen nützliche Hinweise auf Ihr Wachstum und Ihre Entwicklung verborgen sein können.

Am besten nehmen Sie diese Übung vorher auf, um sie ungehindert und unterbrechungsfrei durchführen zu können. Vermeiden Sie es, durch die Übung zu hetzen. Nehmen Sie sich Zeit.

Schließe die Augen ... Sitze gerade ... Atme ein paarmal tief ein und aus ... Entspanne dich ... Erlaube deinem Körper, deinen Gefühlen und Gedanken, still zu werden ... Werde wie ein ruhiger, stiller See ...
Wenn du bereit bist, stelle dir selbst die Frage: »WAS IST DIE GENAUE ANGST, DIE MICH DAVON ABHÄLT, MICH DAFÜR ZU ENTSCHEIDEN ZU LIEBEN?« ... Dann lass ein Bild oder ein anderes Symbol in dir entstehen, das eine Antwort auf diese Frage verkörpert ... Nimm dir Zeit ...
Warte geduldig in der Stille, in dem Wissen, dass bald etwas in dir auftauchen wird ... Sei bereit

anzunehmen, was auch immer kommt, ohne es zu beurteilen, zu zensieren oder abzulehnen ... Sei einfach nur bereit, es zu beobachten und zu untersuchen, mit dem Ziel, mehr darüber zu erfahren ... Wenn du beginnst, etwas zu spüren, lass zu, dass es lebendiger wird ... Sieh dir seine Größe und Form an ... seine Dichte und Gestalt ... seine Farbe und Beschaffenheit ... Erkunde es mit so vielen Sinnen, wie du kannst ... Finde den Gesamteindruck, den es bei dir hinterlässt ...

Öffnen Sie dann wieder die Augen, und drücken Sie in Worten oder in einer Zeichnung entweder das Bild selbst oder seine Natur aus. Wenn Sie nichts gesehen haben, behalten Sie die Frage im Gedächtnis, und beginnen Sie, frei und spontan zu schreiben oder zu zeichnen und auf diese Weise etwas in Ihnen entstehen zu lassen.

Was ist die genaue Angst, die Sie davon abhält, sich dafür zu entscheiden zu lieben?

Sinnen Sie über den Gesamteindruck des Symbols und alle anderen Wörter, Gefühle oder Gedanken nach, die während der Übung zu Ihnen gekommen sind oder die jetzt in Ihrem Bewusstsein sind.

Sie können sich gerne Notizen zu Ihrer Erfahrung mit dieser Übung machen oder Zeichnungen anfertigen. Hat sie Ihnen neue Einsichten oder Erkenntnisse gebracht?

Funktionen von Ängsten

All unsere Verhaltensmuster – die so genannten »positiven« und auch die »negativen« – haben zwei grundlegende Funktionen.

Erstens *schränken* sie uns in irgendeiner Weise *ein*. Sie halten uns zurück, beschneiden unsere Freiheit, verhindern, dass wir uns verändern und wachsen. Auf welche Weisen schränkt die Angst, die Sie oben erkannt haben, Sie ein?

Zweitens *dienen* uns unsere Verhaltensmuster auch in irgendeiner Weise. Sie helfen uns zu erreichen, was wir möchten (etwa das Gefühl von Sicherheit, Freiheit oder Macht), und zu vermeiden, was wir nicht haben wollen (zum Beispiel Ängstlichkeit, Schmerzen oder Verantwortung).

Eine Methode, um herauszufinden, wie uns ein Verhaltensmuster dient, ist es, uns selbst zu fragen, (1) was wir verlieren oder vermissen könnten und (2) was wir *tun* oder *sein* müssten, wenn das Verhaltensmuster *kein* Teil von uns wäre.

Auf welche Weisen dient Ihnen die oben erkannte Angst?

Angst hat auch immer mit Kontrollverlust zu tun – zur Angst gehört, dass wir entweder keine Kontrolle haben oder fürchten, die Kontrolle zu verlieren.

Angst hat gewöhnlich auch immer noch mit einem anderen Verlust zu tun. Bei der Angst vor einer Falle zum Beispiel geht es um den Verlust von Freiheit. Bei der Angst vor Ablehnung geht es um den Verlust des Selbstwertgefühls. Bei der Angst, überwältigt zu werden, geht es um den Verlust der eigenen Identität.

Was könnten Sie mit der Angst, die Sie oben erkannt haben, eventuell verlieren?

Ihre Antwort spiegelt das zugrunde liegende Thema wider, mit dem Sie sich befassen müssen und das Sie überwinden müssen, bevor Sie sich sicher und geschützt genug fühlen können, um sich dafür zu entscheiden zu lieben.

Angst und das Eingehen von Risiken

Sich dafür zu entscheiden zu lieben bedeutet, sich den eigenen Ängsten zu stellen und Risiken einzugehen. Ein Risiko hat immer damit zu tun, es auf etwas ankommen zu lassen oder um etwas zu spielen, das ein ungewisses Ende hat.

Risiken haben Ergebnisse, die erwünscht oder unerwünscht sein können, angenehm oder unangenehm. Risiken haben nicht immer »positive« Ergebnisse. Die Herausforderung besteht darin, sich nicht beirren zu lassen und weiter Risiken einzugehen, da die Risiken, die scheinbar keinen Erfolg bringen, uns genauso viel geben wie die erfolgreichen, wenn auch auf eine andere Weise.

Hier ist ein Gedicht über Risiken von einem unbekannten Verfasser.

Lachen heißt zu riskieren, als Dummkopf dazustehen.
Weinen heißt zu riskieren, sentimental zu erscheinen.
Jemandem die Hand zu reichen heißt zu riskieren, sich zu binden.
Gefühle zu zeigen heißt zu riskieren, sein wahres Selbst zu zeigen.
Ideen und Träume vor einer Menschenmenge offenzulegen heißt zu riskieren, sie zu verlieren.
Lieben heißt zu riskieren, nicht zurückgeliebt zu werden.
Leben heißt zu riskieren zu sterben.
Hoffen heißt zu riskieren zu verzweifeln.
Etwas versuchen heißt zu riskieren zu scheitern.
Aber Risiken muss man eingehen,
denn die größte Gefahr im Leben ist es, nichts zu riskieren.
Menschen, die nichts riskieren, tun nichts, sind nichts.
Vielleicht vermeiden sie so Sorgen und Leid,
aber sie können nicht lernen, fühlen, wachsen, sich verändern, lieben, leben.
Von ihren Einstellungen gefesselt sind sie wie Sklaven.
Sie haben ihre Freiheit eingebüßt.
*Nur jemand, der etwas riskiert, ist frei.**

Der Philosoph Sören Kierkegaard sagte schlicht und einfach:

Etwas zu riskieren bedeutet, eine Weile den Boden unter den Füßen zu verlieren.
Nichts zu riskieren bedeutet, sein ganzes Leben zu verlieren.

Was ist Ihrer Meinung nach das größte Risiko, das Sie die in Bezug auf die Liebe eingehen könnten? Was macht sie für Sie zu einem Risiko? Was ist das zugrunde liegende Thema oder Problem – was könnten Sie verlieren?

Was könnten Sie gewinnen? Wie wäre es, wenn Sie mehr Liebe in Ihrem Leben hätten?

In die Tat umsetzen

Viele von uns mögen das Ziel haben, sich immer absolut sicher und geschützt zu fühlen. Aber ein solches Ziel ist eine Illusion, weil das Leben einfach nicht so ist – selbst die sichersten und ausgeglichensten Menschen haben oft unsichere Momente im Leben.

Unsere grundlegendste Aufgabe ist es daher, (1) uns selbst treu zu bleiben, (2) für so viel Sicherheit und Schutz in unserem Leben zu sorgen wie möglich und (3) zu akzeptieren, dass wir sein können, wer wir sind, auch dann, wenn wir uns nicht sicher fühlen. Letztendlich ist alles eine Frage der Prioritäten und worauf wir unsere Aufmerksamkeit und Energie richten.

Wie in *Ein Kurs in Wundern* beschrieben, haben wir alle Blockaden und Barrieren der einen oder anderen Art in uns. Oftmals fällt es uns leichter, sie in anderen zu erkennen als in uns selbst. Doch wenn wir uns unserer eigenen Blockaden bewusst werden, können wir Verantwortung übernehmen und beginnen, ihren einschränkenden Einfluss auf uns zu vermindern. Wir können beginnen, mehr zu riskieren.

Hier sind einige Vorschläge für Sie, Ihre Fähigkeit weiterzuentwickeln, Risiken einzugehen:

1. Autogenes Training. Wenn wir den körperlichen und seelischen Stress unseres Alltags verringern, bleibt uns mehr Aufmerksamkeit, Bereitschaft und Energie, um die notwendigen Risiken einzugehen, um mehr Liebe in unser Leben zu bringen. Wir haben diese Übung aus *Das 90-Tage-Programm zur Selbstheilung* von C. Norman Shealy übernommen, der sich darin auf die autogenen Forschungen von J. H. Schulz und Wolfgang Lutze aus den 1930er Jahren bezieht.

Schließe die Augen ... Sitze gerade ... Atme ein paarmal tief ein und aus ... Entspanne dich ... Erlaube deinem Körper, deinen Gefühlen und Gedanken, still zu werden ... Werde wie ein ruhiger, stiller See ...
Wenn du bereit bist, sage bei jedem Einatmen zu dir selbst (fühle das Gefühl, denke den Gedanken): »MEINE ARME UND BEINE SIND ...« und bei jedem Ausatmen: »SCHWER UND WARM.« Fühle die Wahrheit dieses Satzes ... Wisse, dass es so ist ... Sage dir diesen Satz zwei Minuten lang immer wieder, und atme dabei langsam und tief ...
Sage dann bei jedem Einatmen zu dir selbst: »MEIN HERZ SCHLÄGT ...« und bei jedem Ausatmen: »RUHIG UND REGELMÄSSIG.« Fühle die Wahrheit

dieses Satzes ... Wisse, dass es so ist ... Sage dir diesen Satz zwei Minuten lang immer wieder, und atme dabei langsam und tief ...
Sage dann bei jedem Einatmen zu dir selbst: »MEIN ATEM IST ...« und bei jedem Ausatmen: »FREI UND LEICHT.« Fühle die Wahrheit dieses Satzes ... Wisse, dass es so ist ... Sage dir diesen Satz zwei Minuten lang immer wieder, und atme dabei langsam und tief ...
Sage dann bei jedem Einatmen zu dir selbst: »MEIN BAUCH ...« und bei jedem Ausatmen: »IST WARM.« Fühle die Wahrheit dieses Satzes ... Wisse, dass es so ist ... Sage dir diesen Satz zwei Minuten lang immer wieder, und atme dabei langsam und tief ...
Sage dann bei jedem Einatmen zu dir selbst: »MEINE STIRN ...« und bei jedem Ausatmen: »IST KÜHL.« Fühle die Wahrheit dieses Satzes ... Wisse, dass es so ist ... Sage dir diesen Satz zwei Minuten lang immer wieder, und atme dabei langsam und tief ...
Sage dann bei jedem Einatmen zu dir selbst: »MEIN GEIST IST ...« und bei jedem Ausatmen: »RUHIG UND STILL.« Fühle die Wahrheit dieses Satzes ... Wisse, dass es so ist ... Sage dir diesen Satz zwei Minuten lang immer wieder, und atme dabei langsam und tief ...

Nehmen Sie jetzt alle sechs Sätze zusammen, und wiederholen Sie sie nochmals fünf Minuten lang. Später wiederholen Sie einfach alle sechs Sätze noch einmal insgesamt 20 Minuten lang. Machen Sie diese Übung mindestens sieben Tage lang zweimal täglich, und Sie werden bemerken, wie Ihr Stress, Ihr Schlafmuster, Ihr allgemeiner Gesundheitszustand und Ihr Wohlbefinden zusehends besser werden.

2. **Verbale Affirmationen.** Affirmationen sind positive Aussagen, Bilder und Handlungen, die wie ausgesäte Samen sind und klar und deutlich ein gewünschtes Ergebnis aufzeigen, als wäre es schon da. Es ist eine wirkungsvolle Technik, um Konditionierungen aus der Kindheit zu überwinden. Sprechen Sie mehrmals täglich die Affirmation (stellen Sie sich eine Uhr oder einen Wecker): *»ICH FÜHLE MICH IMMER SICHER, MICH ZU ENTSCHEIDEN ZU LIEBEN«; »ICH BRINGE VON TAG ZU TAG IMMER MEHR LIEBE IN MEIN LEBEN«; »ICH BIN BEREIT UND GEWILLT, JETZT RISIKEN IN DER LIEBE EINZUGEHEN.«* Lesen Sie dazu auch Kapitel 5, S. 108ff.

3. **Risiken eingehen.** Eine Methode, mit Ängsten umzugehen, besteht darin, ihnen direkt gegenüberzutreten, indem man überschaubare Risiken eingeht. Diese Übung hilft Ihnen, Ängste zu erkennen und langsam zu transformieren, die damit zu tun haben, Risiken in Beziehungen einzugehen.

Schließe die Augen ... Sitze gerade ... Atme ein paarmal tief ein und aus ... Entspanne dich ... Erlaube deinem Körper, deinen Gefühlen und Gedanken, still zu werden ... Werde wie ein ruhiger, stiller See ... Wenn du bereit bist, sage laut: »WENN ICH DEN MUT HÄTTE, WÜRDE ICH ...«, und vervollständige den Satz mit einem Wort oder einer kurzen Formulierung – was immer dir spontan einfällt ... Denke nicht darüber nach ... Schreibe die erste Antwort auf, die zu dir kommt ... Dann wiederhole es, und lass diesmal ein neues Wort oder eine neue Formulierung auftauchen ... Schreibe die neue Antwort auf ... Falls dir gerade nichts einfällt, beginne einfach von Neuem, in dem Wissen, dass bald etwas zu dir kommen wird ... Wiederhole es immer wieder mindestens fünf bis zehn Minuten lang ...

Prüfen Sie Ihre Antworten. Notieren Sie die Ideen, die Sie berücksichtigenswert finden.

Wählen Sie jetzt eine davon aus, die Sie *innerhalb der nächsten sieben Tage* in die Tat umsetzen wollen. Schreiben Sie sie auf, und beginnen Sie mit: »ICH WERDE ...«

Was macht daraus für Sie ein Risiko? Was ist die Angst? Was könnten Sie verlieren?

Was wäre das bestmögliche Ergebnis, wenn Sie dieses Risiko eingingen?

Was wäre das schlimmstmögliche Ergebnis, wenn Sie dieses Risiko eingingen?

Sind Sie bereit, ein solches Ergebnis zu akzeptieren?

Es ist wichtig, dass Sie sich selbst Ihre vollkommene, hundertprozentige Unterstützung für jedes Risiko geben, das Sie eingehen wollen. Sprechen Sie zu sich selbst die Affirmation: »*ICH BIN VOLLSTÄNDIG BEREIT, DIESES RISIKO EINZUGEHEN UND SEIN ERGEBNIS ZU AKZEPTIEREN.*« Notieren Sie eventuelle Gefühle und Gedanken, die Ihre Affirmation hervorgerufen hat.

Als Nächstes finden Sie heraus, welchen ersten Schritt Sie unternehmen können, um Ihr Vorhaben zu verwirklichen. Überlegen Sie sich ganz genau, für wann, wo und wie Sie die Durchführung planen.

Gehen Sie dann das Risiko ein. Setzen Sie Ihren Plan innerhalb der nächsten sieben Tage in die Tat um.

4. Tägliche Risiken. Fragen Sie sich mehrmals am Tag spontan: »*WELCHES RISIKO MUSS ICH JETZT EINGEHEN?*« Ob Sie sich entscheiden, ein Risiko einzugehen oder nicht, liegt immer an Ihnen, aber sich die Frage regelmäßig zu stellen hilft Ihnen, kreative Alternativen in Ihrem Leben zu entdecken, und verhindert, dass Sie sich ausgeliefert, machtlos oder hilflos fühlen.

Weiterführende Literatur

In *Selbstvertrauen gewinnen: Die Angst vor der Angst verlieren* schreibt Susan Jeffers, dass der Schlüssel zum erfolgreichen Umgang mit Angst darin besteht, aktiv zu werden. Das Wissen, dass Sie mit allem zurechtkommen können, was Ihren Weg kreuzt, ermöglicht es Ihnen, Risiken einzugehen. Dieses Buch liefert viele hilfreiche Ideen, um Ihr Gefühl für Eigenverantwortung und persönliche Erfüllung zu stärken.

In *Lieben heißt die Angst verlieren* schreibt Gerald Jampolsky: »Obwohl Liebe immer das ist, was wir wirklich wollen, fürchten wir uns oft vor ihr, ohne uns dessen bewusst zu sein. Das mag der Grund dafür sein, dass wir uns ihrer Anwesenheit gegenüber manchmal blind und taub stellen. Jedoch, während wir uns selbst und anderen helfen, die Angst zu verlieren, beginnen wir, eine persönliche Veränderung zu spüren.«

In *Risking* schreibt David Viscott: »Wenn Ihr Leben jemals besser werden soll, dann müssen Sie einfach Risiken eingehen. Es gibt ganz einfach keine Möglichkeit, sich weiterzuentwickeln, ohne etwas zu riskieren. Wenn Sie ein Ziel haben, das es wert ist, etwas dafür zu riskieren, werden Ihre Handlungen zielgerichtet, und Ihr Leben beginnt sinnvoller zu sein. Dann kann kein Risiko Sie aufhalten.«*

In Kapitel 3 beschäftigen wir uns nun mit Glauben und Vertrauen und sehen uns an, wie beide mit der Entscheidung zu lieben zusammenhängen.

Kapitel 3

Sich dafür entscheiden zu vertrauen

In diesem Kapitel sehen wir uns persönliches Vertrauen näher an und stellen Methoden vor, um das Vertrauen in uns selbst und andere zu stärken.

Spirituelle Entwicklung

Dieses Buch setzt das Liebenlernen in einen transpersonalen Zusammenhang, das heißt in einen Kontext, in dem unsere ständige spirituelle Entwicklung ein wesentlicher Bestandteil ist. Die Psychosynthese verwendet das Wort »spirituell« nicht für Religiöses oder Spiritualismus, sondern für »alle Tätigkeiten, die den Menschen in irgendeiner Form in seiner Entwicklung voranbringen«.*

Unsere grundlegendste Aufgabe ist es, eine stabile, integrierte Persönlichkeit zu entwickeln, indem wir Verhaltensmuster erkennen, akzeptieren und transformieren, die uns daran hindern, unser volles Potenzial zum

Ausdruck zu bringen. Auf diese Weise ähneln wir einem Gärtner, der die Erde erst vorbereitet, umgräbt und anreichert, bevor er mit dem Pflanzen beginnt.

Wenn wir dann die Samen des Heiligen Geistes pflanzen, finden sie eine fruchtbarere, zuträglichere Umgebung zum Wurzelschlagen, Wachsen und Gedeihen vor. Diese transpersonale Aufgabe, das Thema dieses Kapitels, kann mit der Taube des Heiligen Geistes verglichen werden, die in die Materie oder die körperliche Form hinabsteigt. Sie soll uns beim Wachsen helfen und uns unterstützen, indem sie uns leitet und eine ganze Heerschar reiner, universeller Eigenschaften wie Mut, Inspiration, Freude, Liebe und Vertrauen in uns wachruft.

Was ist Vertrauen?

Vertrauen ist eine Gewissheit, Zuversicht oder Überzeugung in Bezug auf jemanden oder etwas. Vertrauen glaubt an jemanden oder etwas, traut ihm und verlässt sich auf ihn oder es. Vertrauen entsteht leichter, wenn unsere grundlegenden Sicherheits- und Schutzbedürfnisse erfüllt sind.

Früher oder später kommen beim Thema Vertrauen immer grundlegende Fragen auf wie die Natur des Glaubens, der Sinn und Zweck des Lebens und wer oder was Gott ist. Es sind große Fragen, die nicht einfach zu beantworten sind. Uns solche Fragen zu stellen ist jedoch wichtiger, als die »richtige« Antwort darauf zu bekommen. Warum? Weil unsere Überzeugungen uns und unsere mitmenschlichen Beziehungen beeinflussen und es daher wichtig ist, dass wir uns darüber im Klaren sind, welche Überzeugungen wir haben.

Ein Prinzip, auf dem dieses Buch beruht, ist, dass wir andere erst dann lieben können, wenn wir uns selbst lieben. Ganz ähnlich haben wir vielleicht Schwierigkeiten, anderen zu vertrauen, dem Leben zu vertrauen, ja selbst Gott zu vertrauen, weil wir Schwierigkeiten haben, uns selbst zu vertrauen.

Persönliches Vertrauen hängt oft mit den Überzeugungen zusammen, die wir über die Natur des Lebens haben. So sind einige Menschen davon überzeugt, dass alles und jeder im Leben Teil eines durchdachten, vertrauenswürdigen Plans ist, der Ordnung, Bedeutung und Sinn hat.

Andere sind der gegenteiligen Meinung und glauben, dass alles im Leben rein zufällig und absolut willkürlich geschieht, ohne Ordnung, Bedeutung oder Sinn, und es daher keine Vertrauensgrundlage gibt. Welcher Überzeugung sind Sie?

Persönliches Vertrauen hat auch mit unserem Glauben und unseren Überzeugungen in Bezug auf Gott zu tun. Hier ist eine Reihe von Überzeugungen, die Menschen über die Existenz Gottes haben.

- Ich bin Atheist. Ich weiß, dass es keinen Gott gibt.
- Ich bin Agnostiker. Ich weiß nicht, ob es einen Gott gibt oder nicht.

- Ich bin gläubig. Ich glaube und vertraue darauf, dass Gott existiert.
- Ich bin ein Mensch mit einer Persönlichkeit, und ich trage den Geist Gottes in mir.
- Ich bin ein reines, göttliches Wesen, gottähnlich, und ich habe als Mensch eine Persönlichkeit, durch die ich mich ausdrücke und durch die ich wirke.

Wie sieht es bei Ihnen aus? Welche Überzeugung über Gott haben Sie? Ist es eine dieser Aussagen? Eine Kombination daraus? Oder etwas vollkommen anderes?

Quellen für Sicherheit, Glauben und Vertrauen

Einige von uns setzen auf Elemente ihrer *äußeren* Umgebung, um ein Gefühl von Sicherheit zu haben: Geld auf der Bank, ein Haus, ein Job, Investitionen oder eine andere Person wie ein Elternteil oder der Partner.

Einige von uns schaffen sich auch Lebensmuster, um sich sicherer und vertrauensvoller zu fühlen, etwa indem wir uns mit Verantwortung überladen und von morgens bis abends zwanghaft ausgelastet sind, oder indem wir schonungslos manipulativ sind und stets die volle Kontrolle über jeden Bereich unseres Lebens haben müssen, oder indem wir uns regelmäßig mit Essen, Alkohol, Drogen, Sex und anderen kontraproduktiven Tätigkeiten ablenken, um nicht fühlen zu müssen, wie unsicher und unglücklich wir in Wirklichkeit sind.

Doch selbst wenn diese nach außen gerichteten Manöver lange Zeit funktionieren (und das tun sie nicht), bieten uns diese Verhaltensmuster kein besonders erfüllendes Leben. Am Ende sind es nur leere Verschleierungen und Kompensationen, und sie ändern nichts an den zugrunde liegenden Gefühlen der Unsicherheit, Angst und Besorgnis, die nicht nur unbeachtet bleiben, sondern oft sogar noch stärker werden.

Deshalb erkunden wir in diesem Kapitel einmal unsere *innere* Umgebung, was sie bietet, um uns ein Gefühl der Sicherheit zu geben – genauer Vertrauen, Glaube, Gebet und die Göttlichkeit im Inneren –, und wie dies mit der Entscheidung zu lieben im Zusammenhang steht.

Wer oder was ist Gott?

Ein bekanntes Bild Gottes, das vielen Menschen in ihrer Kindheit begegnet, ist ein weißer Mann mit einem langen, weißen Bart, der mitten in den Wolken auf einem Thron sitzt. Einige Menschen stellen sich Gott als gütigen, stets warmherzigen und liebevollen Vater vor, für andere kann er Furcht erregend, zornig und Vergeltung übend sein. In beiden Fällen ist er ein sehr menschlicher Gott mit sehr menschlichen Eigenschaften und Makeln.

Andere Menschen wiederum stellen sich Gott nicht als Person vor, sondern als Abstraktum, Konzept, Symbol oder Eigenschaft, etwa Liebe, Wahrheit oder Weisheit. Manche betrachten Gott auch als planendes Prinzip, Schöpfer oder Quelle. Und wieder andere sehen Gott einfach als Ansammlung von Naturgesetzen, die unaufhörlich und objektiv walten.

Es gibt auch Menschen, die der Auffassung sind, dass der Begriff Gott nur ein bequemes Märchen ist, das erdacht wurde, um das Unerklärliche zu erklären und das Leben weniger sinnlos und stattdessen zweckvoller und lebenswerter zu machen. Für sie ist Gott keine lebendige Wirklichkeit und hat daher keinen Einfluss auf ihre Gefühle, Gedanken oder Handlungen.

Wir meinen, dass einige Menschen sich stark gegen das Wort Gott und die Gegenwart Gottes sträuben. Wie das Wort »Liebe« ist auch »Gott« für viele Menschen ein sehr gefühlsbeladener Begriff. Für viele andere wiederum ist es ein relativ bedeutungsloses Wort, weil sie Gottes Gegenwart in ihrem Leben weder bewusst kennen noch erfahren haben.

Das Gott-Selbst

Wir sagen, dass Gott ist, wer wir sind, unser fundamentales Wesen, unser innerstes Selbst. Es ist der heilige, unveränderliche Aspekt unseres Selbst, den manche Menschen auch den *Innewohnenden Gott*, den *Immanenten Gott* oder das *Höhere Selbst* nennen. Die Psychosynthese nennt es das transpersonale Selbst.

In diesem Buch nennen wir es das Gott-Selbst. Es ist der liebevolle, reine, beständige Mittelpunkt des Selbstbewusstseins, der vom Geschwätz unseres Verstandes, unseren schwankenden Gefühlen oder unseren körperlichen Zuständen unbeeindruckt bleibt. Es ist die lebenswichtige Quelle in jedem von uns, die unser Leben beseelt und lenkt.

In unserem Buch *Herzenstüren öffnen* findet sich eine Beschreibung der Beziehung zwischen unserem Gott-Selbst und uns:

Du bist der Funke des Lichts in Meinem Geiste.
Du bist der Funke der Liebe in Meinem Herzen.
Wenn du das annehmen kannst, wenn du dich
als Mikrokosmos des Makrokosmos sehen kannst,
wirst du dich nie wieder herabsetzen
oder schlecht über dich denken.
Du wirst erkennen, dass du tatsächlich
nach Meinem Bild, Mir nachgebildet bist,
dass wir eins sind
und dass nichts und niemand uns trennen kann.
Wenn du dich irgendwie getrennt von Mir fühlst,
dann hast du das so gewählt,
denn Ich trenne Mich niemals von dir.
Du bist im Individuellen,
was Ich im Universellen bin.
Ist es dann verwunderlich, wenn du wiedergeboren
werden musst,
um das Wunder dieser Wahrheit anzunehmen?

So viele Seelen haben sich so weit von Mir entfernt,
sie haben sich so sehr von Mir abgesondert
und Mich so hoch
in den Himmel hinaufgesetzt,
dass Ich ihnen unnahbar geworden bin.
ICH BIN in dir,
mitten in der Tiefe deines Herzens verborgen,
und warte darauf, erkannt und ans Licht geholt zu werden.

Gott ist Liebe

Einige Menschen verbringen ihr ganzes Leben mit der Suche nach Gott.

Nach dem Gott-Selbst in uns zu suchen ist wie nach Luft zu suchen, wo wir sie doch die ganze Zeit atmen. Es ist wie nach der Sonne zu suchen, wo wir doch die ganze Zeit in ihrem Licht sehen, gehen und leben.

Gott ist die Liebe in unserem Herzen, welche Liebe wir im Augenblick auch immer fähig sind auszudrücken. Um unser Gott-Selbst zu finden, braucht es nicht mehr als eine freundliche Tat oder einen liebevollen Gedanken. Wenn wir unsere Liebe teilen, teilen wir Gott mit allen, die uns begegnen.

Um mehr Liebe in unser Leben zu bringen, ist es daher auch wichtig zu lernen, wie wir besser mit unserem Gott-Selbst in Kontakt treten können, es erfahren und ausdrücken können.

Glauben

Einige Menschen bezeichnen mit dem Wort »Glauben« die religiöse Lehre, der sie anhängen, oder die Kirche, der sie angehören. Andere meinen damit Überzeugung oder Vertrauen. Manche bezeichnen mit dem Wort auch ihre eigene, nicht beweisbare Weltanschauung.

Die Entstehung des Glaubens verläuft unserer Ansicht nach in vier Phasen:

- *Wir wissen von Gott* als intellektuelles Konzept.
- *Wir glauben an Gott* als absolute Weltanschauung.
- *Wir kennen Gott* als Erfahrungswirklichkeit.
- Wir erleben, dass »das Königreich Gottes in uns ist« (Evangelium nach Lukas 17:21) und nicht irgendwo »da draußen«, und dass wir untrennbar eins mit dem Göttlichen und daher Gott sind.

Wir sagen, der Glaube ist von Natur aus intuitiv, das heißt, er erkennt die Wirklichkeit von etwas, das nicht offensichtlich ist, und akzeptiert es dann. Glaube, der *genährt wird, führt zu einem Gefühl der Gewissheit und des Vertrauens.*

Haben Sie jemals andere Menschen gesehen und sich gewünscht, Sie hätten denselben starken, standhaften Glauben wie sie? Jetzt ist die Zeit gekommen zu erkennen, dass wir alle dieselbe Fähigkeit zum Glauben haben.

Ein Weg, damit zu beginnen, ist es, den Glauben, der in uns ist, auch anzuwenden, so schwach oder unstet er auch sein mag, denn wenn wir ihn anwenden, wird er immer größer und stärker. Wenn wir schwimmen lernen, müssen wir früher oder später unsere Füße vom Boden lösen und beginnen, uns durchs Wasser zu bewegen, oder wir lernen es nie. Dasselbe gilt auch für Glauben und Vertrauen. Wir müssen damit experimentieren, es ausprobieren und herausfinden, ob es funktioniert. Dies ist das Wesentliche am Glauben, und so wächst er.

Einfach gesagt: Vertrauen zu lernen heißt, es auszuprobieren!

Dabei müssen wir eine positive Einstellung bewahren, denn ab und zu können wir auch stolpern und fallen und scheinbar »scheitern«. Wenn das passiert, brauchen wir uns davon jedoch nicht einschüchtern und zum Aufgeben verleiten zu lassen. Stattdessen können wir wie ein Kleinkind sein, das gerade laufen lernt – einfach die Lektion lernen, aufstehen und wieder neu anfangen.

Gebet

Einige Menschen sprechen Gebete als dringliche und verzweifelte Bitte um Hilfe in letzter Minute, wenn alles andere keinen Erfolg hatte. Für andere ist Beten stille Meditation.

Einige Menschen sehen Gebete als kleine, auswendig gemurmelte (oder vorgelesene) Botschaften mit geringer oder gar keiner Bedeutung für den Betenden.

Wieder andere glauben, dass Beten direkte Kommunikation mit Gott ist.

Wir sagen, Beten bedeutet, mit unserem Gott-Selbst zu sprechen, mit unserem innersten Selbst zu kommunizieren.

Meditation heißt, unserem Gott-Selbst zu lauschen.

In jedem Fall ist es nur ein Ortsgespräch, kein Ferngespräch, und deshalb ermutigen wir jeden, beides regelmäßig zu praktizieren!

Angst, Glaube und Gebet

Wie in Kapitel 2 aufgezeigt, gehört die Angst zu unseren größten Feinden. Sie kann uns davon abhalten, uns dafür zu entscheiden zu lieben. Aber wenn wir nicht bereit sind, uns unseren Ängsten zu stellen, können wir sie niemals loswerden. Wenn wir immer nur versuchen, unseren Ängsten auszuweichen, können sie wahre Ungeheuer werden. Wenn wir aber den Mut aufbringen, ihnen gegenüberzutreten, beginnen sie kontrollierbarer zu werden, und manchmal verschwinden sie auch ins Nichts.

Ein Weg, mit Angst umzugehen, liegt im Glauben und im Gebet. Glaube ist größer und mächtiger als Angst. Wir können unseren Glauben und unser Vertrauen bekräftigen, dass alles gut ist, dass sich ein allumfassender Plan entfaltet, dass alles in den Händen unseres Gott-Selbst liegt und dass alles, was in unserem Leben geschieht, zu unserem Besten ist.

Wie können wir beten? Um den Tag bewusst zu gestalten, können wir uns früh morgens beim Aufwachen darauf einstimmen, bevor unser Geist wieder in die täglichen Ereignisse und Aktivitäten verwickelt wird. Unser Leben ist dann wie eine reine, weiße Leinwand ohne jeden Farbfleck. Die ersten Pinselstriche beim Aufwachen müssen sehr klar und deutlich sein, voller Liebe, Inspiration und Erwartung für den neuen Tag.

Wir können unser innerstes Selbst, unser Gott-Selbst, anzapfen, und mit ihm kommunizieren. Wir können fest daran glauben, dass alle unsere Bedürfnisse wunderbar erfüllt werden, noch bevor wir sie äußern. An dieser Stelle ist der Glaube, dass wir im Kontakt mit dem Gott-Selbst stehen, so notwendig. Wenn wir den Tag auf diese Weise beginnen, wissen wir, dass er voller Wunder sein wird, weil wir im Einklang mit den göttlichen Gesetzen leben.

Unser Gott-Selbst erreicht jeden von uns sehr deutlich mit seiner Führung, aber wir verschließen die Ohren vor ihm. Wahrheit ist Einfachheit, und deshalb kann das kleinste Kind Gottes Wort verstehen und befolgen. Gottes Wege mögen zwar manchmal sonderbar sein, aber sie sind nicht kompliziert. Einfachheit ist das Kennzeichen unseres Gott-Selbst. Wenn das Leben zu kompliziert wird, dann ist das immer unser eigenes Werk.

Wir meinen, dass Glaube und Gebete etwas sind, das täglich praktiziert und gelebt werden muss, um am effektivsten mit Angst und all unseren anderen Sorgen umgehen zu können.

Die innere Quelle der Weisheit

Wir haben gesagt, dass Vertrauen (wie alles andere auch) bei uns selbst beginnen muss, das heißt, dass wir uns selbst vertrauen müssen, bevor wir wirklich jemand anderem vertrauen können. Es bedeutet, unsere innere Quelle der Weisheit zu entdecken und zu lernen, ihr zu vertrauen.

Wann immer in der Findhorn-Gemeinschaft Informationen benötigt werden oder eine Entscheidung ansteht, lassen die Mitglieder der Gemeinschaft nach einigen Überlegungen und Diskussionen ihre persönliche Meinung außer Acht, schließen die Augen, atmen ein paarmal tief ein und aus und lassen zu, dass die gewünschten Informationen aus ihrer inneren Quelle der Weisheit zu ihnen kommen. Überraschenderweise kann so recht schnell ein Konsens erzielt werden. Seit mehr als 40 Jahren ist dies die Hauptmethode in der Gemeinschaft, Entscheidungen zu treffen.

Diesen Prozess nennen wir *Einstimmung,* denn er ermöglicht es uns, uns neben unserem kognitiven Verstand auch auf andere Aspekte unseres Selbst einzustimmen oder uns mit ihnen zu verbinden und dann alles durch diese Verbindung fließen zu lassen, was wir an Informationen oder Hilfe brauchen. Wir halten sehr viel von dieser Einstimmung.

Bei der Einstimmung kommt die Antwort von Person zu Person ganz unterschiedlich daher. Sie kann in Form von Bildern, Worten, Tönen, Gefühlen, einem Wissen oder einem Fühlen und auch auf andere Weise kommen. Wir müssen damit experimentieren, um herauszufinden, in welcher Form sie für uns arbeitet.

Damit die Einstimmung erfolgreich ist, müssen wir vollkommen offen, unvoreingenommen und unabhängig von jedem möglichen Ergebnis sein, ansonsten können wir den Prozess verfälschen oder sogar blockieren.

Der Schlüssel ist es, vollkommen entspannt und zentriert zu sein, damit wir tief mit unserer inneren Quelle der Weisheit in Kontakt treten können. Wie bei den meisten Fähigkeiten müssen wir vielleicht erst etwas üben, um unsere Geschwindigkeit, Klarheit und Genauigkeit zu erhöhen, aber wenn wir dranbleiben, werden wir zahllose Möglichkeiten zur Einstimmung entdecken.

Übung: Einstimmung

Überlegen Sie sich für einen Moment eine aktuelle Fragestellung in Ihrem Leben, die mit dem Thema dieses Buches zu tun hat und über die Sie gerne mehr wissen möchten – zum Beispiel, wie Sie Ihren Glauben und Ihr Vertrauen stärken können, oder wie Sie wirkungsvoll mit Ihren Liebesblockaden umgehen können.

Überlegen Sie sich dann, was Sie vielleicht schon in dieser Sache unternommen haben.

Überlegen Sie sich, was Sie noch unternehmen könnten, welche Optionen oder Alternativen Sie haben und was Sie im Moment bereit und gewillt sind zu tun.

Wir schlagen Ihnen vor, diese Übung vorher aufzunehmen, damit Sie sie ungehindert und ohne Unterbrechungen durchführen können. Vermeiden Sie es, durch die Übung zu hetzen. Nehmen Sie sich Zeit.

Setze dich bequem hin, sitze gerade ... Schließe die Augen ... Atme ein paarmal langsam und tief ein und aus ... Entspanne deinen Körper vollständig ... Lass alle Spannung los ... Lass zu, dass alle Gefühle, die du gerade haben magst, verschwinden ... Tu dies auch mit deinen Gedanken ... Werde wie ein ruhiger, stiller See, der perfekt den blauen Himmel widerspiegelt oder den Sternenhimmel in der Stille der Nacht ... Sei im Frieden, aber bleib dabei aufmerksam ...

Entspanne dich noch tiefer ... Zähle langsam rückwärts von zehn bis eins, und fühle, wie du bei jeder Zahl immer weiter und weiter in deine Mitte kommst ... Fühle, wie du eine Verbindung mit deiner inneren Quelle der Weisheit herstellst, diesem reinen, beständigen Mittelpunkt tief in dir, der die Antwort auf jede Frage in sich trägt, die du über dich selbst haben magst ...

Wenn du bereit bist, bitte deine innere Quelle der Weisheit leise um die Informationen oder die Hilfe, die du für dein Thema, Problem oder Anliegen benötigst ... Nimm dir Zeit ... Warte geduldig in der Stille, in dem Wissen, dass bald etwas zu dir kommen wird, dass die Hilfe, die du suchst, schon auf dem Weg zu dir ist, vielleicht in Bildern, Worten, Gefühlen oder in anderer Form ... Gib ihr ein paar Minuten, um hervorzukommen ...

(BLEIBE SO LANGE DU MÖCHTEST IN DER STILLE.)

Erlaube allem zu verschwinden, in deiner eigenen Zeit ... Zähle langsam von eins bis zehn, und fühle, wie du bei jeder Zahl zu deiner normalen Wachheit zurückkehrst ... Bringe deine Aufmerksamkeit zurück in den Raum, in dem du dich gerade befindest ... Öffne die Augen ... Atme tief ein ... Und strecke dich sanft ...

Sie können sich gerne Notizen zu Ihrer Erfahrung mit dieser Übung machen oder Zeichnungen anfertigen. Hat sie Ihnen neue Einsichten oder Erkenntnisse beschert?

Urteilsvermögen

Einige Menschen zweifeln vielleicht daran, ob es richtig und statthaft ist, die Methode der Einstimmung zu verwenden, um Informationen zu sammeln, Entscheidungen zu treffen und Probleme zu lösen. Sie fragen: Woher kommt denn die Antwort? Woher soll ich wissen, ob nicht alles von meinem Verstand kommt? Was ist mit meinen Instinkten, Wünschen, Ängsten und anderen Gefühlen – können sie nicht beeinflussen, was ich in der Stille an Eingebungen erhalte? Wie kann ich irgendeiner davon vertrauen?

Diese Fragen haben alle ihre Berechtigung und Bedeutung, und sie zeigen den Bedarf an vernünftigem Urteils- und Unterscheidungsvermögen.

Einerseits ist jede Erfahrung, die wir in der Stille haben, es wert, genauer angesehen zu werden, da sie uns, woher sie auch kommt, wie ein Traum nützliche Informationen über uns selbst liefern kann. Von großer Bedeutung ist hier ganz offensichtlich, dass wir unsere Eingebungen auch richtig interpretieren und verstehen. Wir schlagen Ihnen vor, alles niederzuschreiben, es dann, wenn es Ihnen angemessen erscheint und Sie sich dafür entscheiden, auszuprobieren und die Ergebnisse zu notieren. Es ist wie beim Glauben – wir müssen die Einstimmung auch anwenden, um sie zu stärken und ihr zu vertrauen.

Andererseits kann die Quelle, die wir bei der Einstimmung anzapfen, in ganz verschiedenen Bereichen unseres *inneren* Lebens liegen, etwa Empfindungen, Wünsche, Gefühle, Gedanken, Vorstellungen und Intuitionen, die alle ihre Berechtigung haben und notwendige psychologische Funktionen sind.

Die Quelle, die wir kontaktieren, kann auch im *Außen* liegen. Es heißt, wir leben in einem psychischen Ozean, und viele Menschen empfangen auf unterschiedliche Weise übersinnliche Eindrücke aus ihrer äußeren Umgebung.

Zudem kann sich die Quelle von einem Augenblick zum anderen ändern, je nachdem, wie still, klar und eingestimmt wir bleiben.

Daher schlagen wir Ihnen vor, dass Sie sich genügend Zeit geben, um herauszufinden, wie stichhaltig eine innere Eingebung wirklich ist, bevor Sie sich entscheiden, danach zu handeln. So lange Sie noch nicht gelernt haben zu erkennen, woher eine Eingebung kommt, lassen Sie sich nicht dazu verleiten, sofort etwas zu unternehmen, ohne sie erst genau geprüft zu haben.

Wie bei jeder Fähigkeit erfordert auch die Entwicklung der Fähigkeit, sich einzustimmen, Geduld, Beharrlichkeit und Übung.

In die Tat umsetzen

Sich selbst verbessern

Viele von uns versuchen, sich selbst zu verbessern, lesen dieses und jenes, gehen auf Vorlesungen und Workshops, lernen bei einem Lehrmeister oder Lehrer oder sind Mitglied in einer Gruppe oder Gemeinschaft. All diese Aktivitäten sind Zeichen dafür, dass wir nach etwas suchen. Wir haben Hunger nach spiritueller Nahrung.

Wir schlagen Ihnen vor herauszufinden, welche Nahrung – welcher spirituelle Weg – für Sie richtig ist, und dann Ihr Selbst damit zu nähren. Beobachten Sie, wie es in Ihnen wächst und gedeiht. Alles beginnt in

Ihrem Inneren. Wenn Sie Ihre eigenen Forschungen anstellen, nachsinnen, meditieren und beten, erhalten Sie diese Nahrung. Ihr Glaube und Ihr Vertrauen werden wachsen – und mit ihnen Ihre Fähigkeit zu lieben.

Hier sind ein paar Vorschläge, um Glaube und Vertrauen zu entwickeln und die direkte Kommunikation mit Ihrer innewohnenden Göttlichkeit zu fördern.

1. **Brief an Gott.** Schreiben Sie einen persönlichen Brief, in dem alles steht, was Sie Gott sagen möchten. Schreiben Sie alles hinein, was an Gefühlen, Gedanken, Zweifeln, Ängsten, Ärger, Beurteilungen, Fragen, Bitten und Wertungen in Ihnen ist, vielleicht auch schon sehr lange. Halten Sie nichts zurück. Fassen Sie alles in Worte. Es hilft Ihnen, das Alte loszulassen und Platz für Neues zu schaffen.

2. **Gebete.** Beten entspannt und führt uns zu unserem Gott-Selbst. Wenn Sie keine Gebetspraktik haben, versuchen Sie es mit dieser einfachen Methode.

Begeben Sie sich an einen ruhigen Ort, an dem Sie ungestört sind. Nehmen Sie sich jeden Tag Zeit, Ihr Gott-Selbst zu treffen – einmal, zweimal, so oft Sie können, aber nicht so oft, dass Sie die Verabredung nicht einhalten können. Legen Sie genau die Dauer fest – zehn, zwanzig, dreißig Minuten, so lange Sie können, aber nicht so lange, dass Sie nicht dabeibleiben.

Um mit Ihren täglichen Gebeten zu beginnen, werden Sie in Ihrem Körper so ruhig, wie Sie können. Üben

Sie, sich zu entspannen, und sitzen Sie dabei gerade oder liegen Sie flach ausgestreckt. Bleiben Sie entspannt, aber gleichzeitig wachsam, um nicht einzuschlafen.

Werden Sie innerlich so ruhig, wie Sie können. Üben Sie friedvolles Denken. Erkennen Sie, dass jeder Gedanke, den Sie denken, ein Gebet ist, ob Sie formelle Gebete sprechen oder nicht. Lassen Sie nicht zu, dass Ihre Gedanken über Sie herrschen. Herrschen Sie über Ihre Gedanken. Lassen Sie keine Zweifel, Ängste oder andere schädliche Gedanken herein; wenn dies doch passiert, konzentrieren Sie sich ganz bewusst auf positive, liebevolle, konstruktive Gedanken. Machen Sie Affirmationen daraus. Wiederholen Sie sie immer wieder, schweigend wenn Sie müssen, laut wenn Sie können.

Fühlen Sie bei Ihrer Verabredung mit Ihrem Gott-Selbst Gottes Liebe, Gottes Macht. Fühlen Sie, wie Gott in Ihnen, durch Sie und für Sie da ist. Wenn Sie beten, führen Sie Gott in jeden Bereich Ihres Lebens – Ihre Hoffnungen und Träume, Fehler und Misserfolge, Leistungen und Erfolge.

Beten Sie für andere und mit anderen. Führen Sie ein Gebets-Tagebuch, und notieren Sie, für wen und was Sie beten; lassen Sie Platz, um die Ergebnisse zu notieren.

3. **Dialog mit Ihrem Gott-Selbst.** Denken Sie sich eine symbolische Darstellung Ihres Gott-Selbst aus, und stellen Sie ihm gezielte Fragen. Warten Sie geduldig ab, bis die Antworten in der einen oder anderen Form zu Ihnen kommen, entweder direkt oder später im Laufe

des Tages, oder vielleicht auch erst in mehreren Tagen. Denken Sie daran, dass Gott niemals in Eile und doch immer pünktlich ist!

Eine Methode hierfür stellen wir Ihnen nun vor. Nehmen Sie diese Übung am besten vorher auf, um sie ungehindert und unterbrechungsfrei durchführen zu können. Vermeiden Sie es, durch die Übung zu hetzen. Nehmen Sie sich Zeit.

> *Schließe die Augen ... Sitze gerade ... Atme ein paarmal tief ein und aus ... Entspanne dich ... Erlaube deinem Körper, deinen Gefühlen und Gedanken, still zu werden ... Werde wie ein ruhiger, stiller See ...*
>
> *Wenn du bereit bist, lass zu, dass ein Bild oder ein Gefühl zu dir kommt, wie du dich jetzt in diesem Raum befindest ... Sieh dich in deiner Vorstellung so sitzen, wie du es gerade tust ... Beginne einen sehr intensiven, sehr reinen Lichtpunkt zu sehen, der aus dir heraus leuchtet ... Lass ihn sehr klar, sehr deutlich und doch auch sehr weich werden ...*
>
> *Dieses glänzende Licht ist ein Symbol, das für deinen innersten Teil, dein Gott-Selbst, steht, das dich sehr, sehr liebt ... Es ist dein Gott-Selbst, dieses strahlende Licht in dir, das dein Leben gestaltet, indem es alle deine Lektionen, deine Chancen, dein Glück für dich erschafft ... Es liebt dich ... Es schützt dich ... Es unterstützt dich ... Es führt dich ... Es möchte nur das Allerbeste für dich, in jeder Hinsicht ...*

Hier ist nun deine Gelegenheit, still mit deinem Gott-Selbst zu kommunizieren ... Teile ihm alle Gefühle und Gedanken mit, die du hast ... Stelle ihm alle Fragen, die du hast ... Erlaube deinem Gott-Selbst, in der Stille zu antworten ... Nutze die nächsten Augenblicke, um bei deinem innersten Selbst zu sein ...

(BLEIBE SO LANGE DU MÖCHTEST IN DER STILLE.)

Wisse, dass du mit deinem Gott-Selbst kommunizieren kannst, wann immer du willst, einfach, indem du dich entscheidest, in die Stille zu gehen ...
Erlaube dann allem zu verschwinden, in deiner eigenen Zeit ... Bringe deine Aufmerksamkeit zurück in den Raum, in dem du dich gerade befindest ... Öffne die Augen ... Atme tief ein ... Und strecke dich sanft ...

Sie können sich gerne Notizen zu Ihrer Erfahrung mit dieser Übung machen oder Zeichnungen anfertigen. Hat sie Ihnen neue Einsichten oder Erkenntnisse beschert?

4. Eine Autobiografie schreiben. Wenn Sie Ihr Selbstbewusstsein, Ihr Selbstverständnis und Ihre Selbstakzeptanz vertiefen möchten, empfehlen wir Ihnen, eine ausführliche Betrachtung und Beurteilung Ihres Lebens zu schreiben. Das verbessert Ihre Fähigkeit zur Selbstbeobachtung und Selbstprüfung, ermöglicht es, dass Informationen aus vielen Ebenen Ihres Wesens zu Ihnen gelangen, und hilft Ihnen, bestimmte Themen (zum Beispiel Vertrauen) in Ihrem Leben zurückzuverfolgen und Verbindungen mit verschiedenen Lebensbereichen herzustellen. Zudem ist das Schreiben ein hervorragendes Mittel für kreativen Selbstausdruck.

Hier sind ein paar Tipps für Ihre Lebensgeschichte:

- Schreiben Sie sie handschriftlich auf. Der Akt des Schreibens hilft, Ideen entstehen zu lassen.

- Verwenden Sie ein Notizbuch mit losen Blättern. So können Sie später noch neues Material einfügen, wenn Sie möchten.

- Schreiben Sie über die Ereignisse in Ihrem Leben in chronologischer Reihenfolge. Das hilft Ihnen, den Ursprung und die Entwicklung von Charakterzügen, Verhaltensmustern und Problemen in Ihrem Leben zu erkennen.

- Erzählen Sie von Ereignissen und Themen in Bezug auf Ihre:

  Arbeit
  Ausbildung
  Beziehungen
  Gedanken und Gefühle
  Gesundheit
  Hobbys
  Kindheit
  Sexualität
  Spiritualität
  Werte und Ideale

- Nehmen Sie sich beim Schreiben Zeit. Lassen Sie Ihre Lebensgeschichte so lang werden, wie Sie wollen.

Schreiben Sie ruhig wochen-, monate- oder sogar jahrelang daran, wenn Sie das möchten. Begrüßen Sie es als spannende Erkundungs- und Entdeckungsreise, nicht als Quälerei, die schnellstmöglich vorbei sein sollte. Konzentrieren Sie sich auf den Weg, nicht auf das Ziel.

Weiterführende Literatur

The Story of Your Life: Writing a Spiritual Autobiography von Dan Wakefield gibt uns eine systematische Methode an die Hand, um unsere Vergangenheit zu erkunden und unsere Gegenwart zu verstehen. Durch Übungen wie das Zeichnen eines Lieblingszimmers aus der Kindheit oder das Beschreiben eines Freundes beginnen wir die Faktoren zu verstehen, mit deren Hilfe wir unsere spirituelle Reise planen können.

Als Nächstes befassen wir uns in Kapitel 4 näher damit, wie Ehrlichkeit und Offenheit mit der Entscheidung zu lieben zusammenhängen.

Kapitel 4

Sich dafür entscheiden, ehrlich und offen zu sein

In diesem Kapitel sehen wir uns Ehrlichkeit und Offenheit genauer an sowie die Rolle, die sie bei der Entscheidung zu lieben spielen.

Sich selbst treu sein

Die beiden Themen, die sich wie ein roter Faden durch unsere Bücher ziehen, sind Ehrlichkeit und Offenheit. Wir legen so viel Wert auf diese Eigenschaften, weil sie unabdingbar sind, um gesunde und heile Beziehungen zu führen. Sie sind notwendig für eine klare Kommunikation. Sie führen zu Einsicht und Verständnis. Sie fördern Vertrauen. Wenn sie fehlen, ob unwissentlich oder absichtlich, kann Liebe nicht frei fließen.

Was sind Ehrlichkeit und Offenheit?

Ehrlich zu sein heißt, in Worten und Taten wahrheitsgetreu und authentisch zu sein, und somit nicht unaufrichtig, hinterlistig oder falsch. Ehrlichkeit spiegelt Aufrichtigkeit und Integrität wider. Ehrlich zu sein heißt, aufrichtig, echt und vertrauenswürdig zu sein.

Offenheit gründet auf Ehrlichkeit. Offen zu sein heißt, schutzlos, verletzlich, zugänglich für neue Ideen zu sein, und somit nicht zurückhaltend, blockiert oder verschlossen. Offen zu sein heißt, unvoreingenommen, empfänglich und sichtbar zu sein.

Die meisten von uns halten sich selbst für ehrlich und offen. Manchmal allerdings halten wir mit der ganzen Wahrheit hinterm Berg, erzählen »Notlügen« oder werden absichtlich verallgemeinernd, indirekt oder unklar. Oder wir praktizieren »relative« Ehrlichkeit, das heißt, wir verhalten uns je nach Person, Situation, Zeit, Ort oder Thema unterschiedlich.

Ehrlich und offen zu sein heißt, mit uns selbst übereinzustimmen, das heißt, uns selbst nach außen hin so zu geben, wie wir innen sind, und unser Leben zu führen wie ein offenes Buch.

Eigentlich sind wir alle wie offene Bücher, so viel von unserem Selbst wir auch versuchen zu verbergen. Wir alle sind so durchsichtig wie Glas.

Haben wir nicht alle intuitive Eindrücke voneinander? Sehen (oder fühlen) wir nicht alle trotz der Worte, Taten und Schutzmauern vor den Herzen das Wesen der anderen? Haben wir nicht alle (ob wir es wissen oder nicht) ein eingebautes Radar, das die ausgeklügeltsten Verteidigungslinien durchbrechen kann? Können wir nicht alle normalerweise sofort sagen, wenn jemand nicht ganz ehrlich und direkt zu uns ist?

Bei Ehrlichkeit und Offenheit geht es daher nicht darum, uns anderen zu offenbaren, sondern darum, ihnen einfach zu *bestätigen,* was sie vielleicht ohnehin schon sehen, fühlen und wissen. Statt Instrumente der Strategie und Verteidigung zu sein, sind Ehrlichkeit und Offenheit vielmehr eine natürliche Art zu sein, und sie machen das Leben daher einfacher, entspannter und erfüllender.

Persönliche Auskünfte

Ein Indikator für die Grenzen unserer Ehrlichkeit und Offenheit ist unsere Einstellung zu persönlichen Auskünften, das heißt darüber, private Informationen über uns offenzulegen. Mit wem und unter welchen Bedingungen sind wir zum Beispiel bereit, ehrlich und offen Details über folgende Themen preiszugeben?

- spirituelle und religiöse Überzeugungen
- politische Ansichten und Zugehörigkeiten
- Beziehungsgeschichten und -probleme
- Alter und Geburtsdatum
- Jahreseinkommen und Ausgaben
- sexuelle Fantasien und Praktiken

Oder sind diese Themen grundsätzlich für uns tabu und zu persönlich, intim und privat, um mit irgendjemandem besprochen zu werden?

Eine andere Methode ist es, einmal die Dinge zu betrachten, über die wir keine Witze machen, uns nicht lustig machen oder nicht lachen können (selbst oder mit anderen) – jene Bereiche unseres Lebens, die uns zu heikel, ernst, bedeutsam oder heilig sind, um auf die leichte Schulter genommen zu werden.

Als Grenzen unserer Offenheit sind diese Bereiche es wert, näher betrachtet zu werden, denn wenn wir diese Themen so sorgsam für uns behalten, wie sollen wir dann offen sein für mehr Flexibilität, Veränderungen, Erneuerungen, Wachstum und Entwicklung?

Übung: reflektive Meditation

Statt nun noch mehr auf Ehrlichkeit und Offenheit einzugehen, stellen wir Ihnen im Folgenden drei kurze Übungen vor, damit Sie direkt selbst einmal bei sich nachforschen können. Vermeiden Sie es, durch die Übungen zu hetzen. Nehmen Sie sich Zeit, mindestens zehn Minuten für jede Übung. Am besten nehmen Sie die Übung vorher auf.

Bei der reflektiven Meditation wird der kognitive Verstand eingesetzt, um eine Eigenschaft, ein Symbol, einen Grundgedanken oder ein Thema in allen Bedeutungen und Implikationen zu betrachten. Auf diese

Weise erkundet und reflektiert man das Thema tief und gründlich. Dabei muss man sich gut konzentrieren können und auch die Ausdauer haben, tief nachzuforschen und neue und wichtige Dimensionen des Themas zu entdecken.

Die reflektive Meditation ist nicht einfach nur eine Bestandsaufnahme oder passive Beobachtung, sondern sie hat zum Ziel, alles zu verstehen, zu interpretieren und auszuwerten, was wir in uns selbst entdecken. Danach haben wir eine klare Vorstellung über das jeweilige Thema und, ein besseres Verständnis von uns selbst.

Schließe die Augen ... Sitze gerade ... Atme ein paarmal tief ein und aus ... Entspanne dich ... Erlaube deinem Körper, deinen Gefühlen und Gedanken, still zu werden ... Werde wie ein ruhiger, stiller See ...
Wenn du bereit bist, beginne über die Bedeutung von Ehrlichkeit und Offenheit zu reflektieren ... Erlaube deinem Geist, weit und tief in sie einzutauchen ... Betrachte deine Erfahrungen mit ihnen und alle deine Gefühle und Gedanken über sie ... Sieh sie dir von allen Seiten an ... Sinne über sie nach ... Denke über sie nach ... Übergib ihnen deinen ganzen Geist ... Überlege, was Ehrlichkeit und Offenheit für dich bedeuten ... Mache dir Notizen dazu ...

Wenn Sie fertig sind, sehen Sie sich Ihre Notizen an. Was ist der Gesamteindruck, die allgemeine Tonart?

Welche Ähnlichkeiten oder Muster sehen Sie? Welche Gefühle und Gedanken haben Sie dazu?

Sie können sich gerne Notizen zu Ihrer Erfahrung mit dieser Übung machen oder Zeichnungen anfertigen. Hat sie Ihnen neue Einsichten oder Erkenntnisse beschert?

Übung: rezeptive Meditation

In der reflektiven Meditation von eben wird der rationale Verstand eingesetzt. In der rezeptiven Meditation hingegen lenken wir unsere Aufmerksamkeit über den gewöhnlichen Verstand und sein Bewusstsein hinaus. Hier sind wir aufgefordert, den Verstand zum Schweigen zu bringen und auf eine innere Antwort aus einem anderen Bereich unserer selbst zu warten. Ein Beispiel für diese Form der Meditation ist die Bitte, dass ein Bild oder ein anderes Symbol als Antwort auf eine Frage in unser Bewusstsein kommt, wie wir in Kapitel 2, *Ein Symbol für die Angst finden*, S. 38ff, bereits beschrieben haben.

Eine innere Antwort oder Botschaft ist gewöhnlich sehr kurz, unpersönlich und tiefgründig. Sie kann ganz unterschiedlich daherkommen: als Vision, Intuition, inneres Hören, Worte oder sogar als Drang, etwas zu tun. Sie kann auch als Gefühl zu Tage treten, mit dem Gott-Selbst in Kontakt zu stehen.

Wir schlagen Ihnen vor, sich immer sofort zu notieren, was Ihnen in der Meditation in den Sinn kommt, damit Sie es besser nachvollziehen und später noch einmal nachschlagen können. Da auch Bilder oder andere Symbole zu Ihnen kommen können, halten Sie Zeichenmaterial bereit.

Schließe die Augen ... Sitze gerade ... Atme ein paarmal tief ein und aus ... Entspanne dich ... Erlaube deinem Körper, deinen Gefühlen und Gedanken, still zu werden ... Werde wie ein ruhiger, stiller See ...
Wenn du bereit bist, nutze deine Vorstellungskraft, um dich selbst zu sehen oder zu fühlen, wie du alle Worte, Gedanken und Gefühle, die du in der reflektiven Meditation über Ehrlichkeit und Offenheit betrachtet hast, in eine Schale legst ...
Visualisiere, wie du die Schale über deinen Kopf hältst, und sieh, wie die Sonne hell darauf scheint ... Stelle fest, ob daraufhin Veränderungen stattfinden ... Dann öffne dein Selbst, um Bilder, Worte oder andere Symbole zu empfangen, die eine tiefere Bedeutung von Ehrlichkeit und Offenheit vermitteln ... Erlaube ihnen, zu dir zu kommen ... Denke nicht darüber nach, versuche nicht, etwas zu erzwingen ... Bleibe einfach empfänglich ... Nimm dir Zeit ... Nimm dir ein paar Minuten Zeit ... Warte geduldig in der Stille darauf, dass ein tieferes Verständnis von Ehrlichkeit und Offenheit zu dir kommt ... Lass es langsam auftauchen ...

(BLEIBE SO LANGE DU MÖCHTEST IN DER STILLE.)

Bringe deine Aufmerksamkeit nun in deiner eigenen Zeit zurück in den Raum, in dem du dich gerade befindest ... Öffne die Augen ... Atme tief ein ... Und strecke dich sanft ...

Stellen Sie nun anhand Ihrer Erfahrungen in der reflektiven und in der rezeptiven Meditation Ihre eigene Definition von Ehrlichkeit und Offenheit auf.

Seien Sie sich bewusst, dass eine wichtige Inspiration ganz unerwartet auch später kommen kann, halten Sie also Ausschau danach. Für die besten Ergebnisse sollten Sie diese Meditationen sieben Tage lang täglich über dasselbe Thema wiederholen. Übrigens haben wir festgestellt, dass die Meditation in einer Gruppe gewöhnlich bei allen drei hier vorgestellten Meditationsformen zu besseren Ergebnissen führt.

Sie können sich gerne Notizen zu Ihrer Erfahrung mit dieser Übung machen oder Zeichnungen anfertigen.

Übung: kreative Meditation (Idealmodell)

Die kreative Meditation kann zu unterschiedlichen Zwecken eingesetzt werden, hauptsächlich zur *Selbst-Erschaffung,* denn wir können mit ihr Aspekte unserer Persönlichkeit transformieren. Bei dieser Meditation macht man sich die kreative Macht der Gedanken zunutze. Sie sollte regelmäßig wiederholt werden, bis die gewünschten Ergebnisse erzielt wurden.

Wir verwenden die kreative Meditation, um so genannte »innere Arbeit« zu leisten, das heißt, um uns darauf vorzubereiten, in unserem Leben einen Schritt nach vorn zu tun. Diese Methode basiert auf einem psychologischen Gesetz, laut dem Vorstellungen oder mentale Bilder und Ideen die Tendenz haben, die ihnen entsprechenden physikalischen Gegebenheiten und äußeren Handlungen hervorzurufen. Einfach gesagt ist jede Idee eine potenzielle Handlung im Anfangsstadium. Mehr über dieses und andere Gesetze erfahren Sie in *Die Schulung des Willens*, Kapitel 5, von Roberto Assagioli.

Schließe die Augen ... Sitze gerade ... Atme ein paarmal tief ein und aus ... Entspanne dich ... Erlaube deinem Körper, deinen Gefühlen und Gedanken, still zu werden ... Werde wie ein ruhiger, stiller See ...
Stelle dir jetzt vor, wie ehrlich du gerne sein würdest, wie wahrheitsgetreu, aufrichtig und authentisch dir selbst und anderen gegenüber ... Stelle dir vor, wie offen du gerne sein würdest, wie freimütig, schutzlos und verletzlich ... Lass alles, was du dir vorstellst, deine freie Entscheidung sein ... Achte darauf, alle »Solltes« zu vermeiden ... Es soll kein Modell der Perfektion sein ... sondern ein realistisches und erreichbares Ideal ... Etwas, das in deinem Leben erreichbar wäre ... Etwas, das du bereit wärst zu sein ...

Dann visualisiere, dass dir diese Eigenschaften ganz zugänglich sind ... Stelle dir vor, dieses Idealmodell in Bezug auf Ehrlichkeit und Offenheit zu sein ... Wie siehst du aus? ... Wie sieht dein Gesicht aus? ... Deine Augen? ... Deine Haltung? ... Alles andere an dir? ... Welche Gefühle und Gedanken begleiten dieses Idealmodell? ...

Als Nächstes probiere in deiner Vorstellung das Idealbild an wie einen Mantel ... Identifiziere dich mit ihm ... Verschmilz mit ihm ... Werde zu ihm ... Sei es ... Erlebe, wie es wäre, dieses Idealmodell deiner selbst vollständig zu verkörpern ...

Dann nimm dir ein paar Minuten Zeit, um zu visualisieren, wie du dich in alltäglichen Situationen befindest, wie du die Eigenschaften und Einstellungen deines Idealmodells besitzt und in zufrieden stellender Weise zum Ausdruck bringst ... Bringe auch deine Gefühle mit hinein ...

Gehe einen typischen Tag von morgens bis abends durch, und erlebe, wie es ist, dieses Ideal zu sein ... Füge Szenen mit ein, in denen du erfolgreich deine privaten und beruflichen Rollen erfüllst, vielleicht mit deinen Eltern ... deinem Partner ... deiner Familie ... deinen Freunden ... Mitschülern oder Kollegen ... und anderen Menschen in deinem Leben ... Nimm dir Zeit ... Gestalte es so real und lebhaft wie möglich ...

(BLEIBE SO LANGE DU MÖCHTEST IN DER STILLE.)

Erlaube allem zu verschwinden, in deiner eigenen Zeit ... Bringe deine Aufmerksamkeit zurück in den Raum, in dem du dich gerade befindest ... Öffne die Augen ... Atme tief ein ... Und strecke dich sanft ...

Sie können sich gerne Notizen zu Ihrer Erfahrung mit dieser Übung machen oder Zeichnungen anfertigen.

Eine förderliche Umgebung schaffen

Wir schlagen Ihnen vor, diese Übung regelmäßig zu wiederholen, bis Sie das Gefühl haben, dass die gewünschte Eigenschaft fest Wurzeln geschlagen hat und in Ihrem Leben wächst und gedeiht. Sie können diese Übung auch auf viele andere Eigenschaften anwenden, wie Mut, Freude, Liebe, Geduld und Frieden. Lesen Sie dafür Kapitel 6, *Transpersonale Eigenschaften*, S. 128f. Womöglich bezweifeln einige Menschen die Langzeitwirkung dieser Art von Übung. Auch wir hätten Zweifel daran, wenn ihr Zweck lediglich darin bestünde, eine gewünschte Eigenschaft von außen zu erwerben.

Die Übung basiert jedoch auf dem Prinzip, das wir *in* uns zahllose Eigenschaften haben, die potenziell vorhanden sind und nur entfaltet werden müssen – auch die Liebe.

Eine gute Analogie hierfür ist die Eichel, die alle potenziellen Bestandteile eines mächtigen Baumes bereits in sich trägt: sein Wurzelsystem, seinen Stamm, seine

Äste, Blätter, ja sogar noch weitere Eicheln. Um den Baum aus der schlafenden Eichel wachzurufen, müssen wir nur eine förderliche Umgebung für sie schaffen und dafür sorgen, dass sie stets gut genährt wird.

Unsere Aufgabe ist es also, nicht außerhalb von uns selbst nach etwas zu suchen – Mut, Freude, Liebe, Geduld, Frieden –, sondern *in uns selbst die Samen der gewünschten Eigenschaft wachzurufen, die ja bereits in uns vorhanden sind.* Dann müssen wir nur noch eine förderliche Umgebung für sie schaffen und sie stets gut nähren, damit sie wachsen und gedeihen können.

In die Tat umsetzen

Hier sind einige Vorschläge, um Ihr Bewusstsein dafür zu erhöhen, wie es in Ihrem Leben um Ehrlichkeit und Offenheit bestellt ist.

1. **Abendliche Rückschau.** Eine einfache und wirkungsvolle Methode, um Ihre Einstellungen und Verhaltensmuster in Bezug auf Ehrlichkeit und Offenheit (und auch jedes andere Thema) zu erforschen, ist es, jeden Abend, idealerweise beim Schlafengehen, Ihren Tag noch einmal ein paar Minuten lang Revue passieren zu lassen.

Nehmen Sie sich so viel Zeit, wie Sie dafür erübrigen wollen, ob komprimierte zwei Minuten oder ausgedehnte dreißig Minuten. Vermeiden Sie aber jeden

Druck oder Stress. Entscheiden Sie sich, wie bei allen unseren Selbsthilfe-Übungen, für die abendliche Rückschau, weil Sie es möchten, und nicht, weil Sie das Gefühl haben, Sie »sollten«.

Spielen Sie in Ihrer Vorstellung noch einmal den ganzen Tag durch wie einen Film oder eine DVD. Gehen Sie in der Zeit zurück. Beginnen Sie mit dem jetzigen Augenblick, und blicken Sie auf die Ereignisse des Abends zurück, dann zurück auf den Nachmittag und schließlich auf den Morgen, bis Sie beim Zeitpunkt Ihres Erwachens angekommen sind.

Rufen Sie sich noch einmal Ihre Kommunikation und Wechselbeziehungen mit anderen Menschen ins Gedächtnis, Anrufe, Notizen, E-Mails und Briefe. Erinnern Sie sich an Details darüber, was und wie Sie mit sich selbst und anderen kommuniziert haben, und auch daran, was Sie vielleicht zurückgehalten haben, wem gegenüber und warum. Erinnern Sie sich an Ihre Handlungen (und Unterlassungen) und die Schlüsse, die sich daraus über Ihre Ehrlichkeit und Offenheit ziehen lassen.

Besonders wichtig ist es, dass Sie die abendliche Rückschau objektiv als unparteiischer Beobachter durchführen, der still die Erfolge und »Misserfolge« des Tages betrachtet, ohne erneut in sie hineingezogen zu werden und ohne sie oder Sie selbst zu beurteilen. Ziehen Sie einfach nur Ihre Schlüsse aus einem bestimmten Ereignis, und gehen Sie dann zum nächsten weiter.

Wir finden, dass eine schriftliche Zusammenfassung unserer abendlichen Rückschau zusätzlich hilft, mehr über unsere Einstellungen und Verhaltensmuster zu erfahren.

2. **Botschaften und »Solltes« erkennen.** Finden Sie heraus, wie Sie als Kind im Hinblick auf Ehrlichkeit und Offenheit konditioniert wurden, indem Sie sich Ihre Familiengeschichte diesbezüglich ansehen. Entscheiden Sie sich, welche Aspekte Sie behalten und welche Sie verwerfen wollen. Lesen Sie hierzu auch in Kapitel 2 nach, *Konditionierung in der Kindheit,* S. 33f.

3. **Verhaltensmodelle.** Suchen Sie sich drei wirkliche (nicht fiktive) Menschen aus, die Sie als gutes Beispiel für Ehrlichkeit und Offenheit betrachten. Vielleicht stammen sie aus der Geschichte, oder es sind Menschen, die Sie persönlich kennen. Nehmen Sie diese dann als Idealmodelle. Lesen Sie dazu auch in Kapitel 1 nach, *Verhaltensmodelle,* S. 24.

Weiterführende Literatur

In *Sag mir die Wahrheit, wenn du mich liebst* schreibt David Augsburger: »Aufrichtigkeit und Liebe sind tragende Säulen einer guten Beziehung. Aufrichtigkeit zusammen mit Liebe bringt Veränderung und Heilung. Sag mir die Wahrheit, wenn du mich wirklich liebst.«*

Focusing: Selbsthilfe bei der Lösung persönlicher Probleme von Eugene T. Gendlin zeigt Selbsthilfetechniken zur Lösung persönlicher Probleme auf, indem bestimmte Kontaktstufen, gefühlte Veränderungen und tiefere Bewusstseinsebenen in unserem physischen Körper wahrgenommen werden.

Als Nächstes befassen wir uns in Kapitel 5 genauer damit, wie unsere persönlichen Überzeugungen uns an der Entscheidung zu lieben hindern können.

Kapitel 5

Sich dafür entscheiden, bewusst zu sein

In diesem Kapitel konzentrieren wir uns speziell auf unser Bewusstsein, das heißt, wie gut wir unsere Erfahrungswelt kennen und verstehen – und wie sie uns beeinflusst.

Was ist eine Überzeugung?

Eine Überzeugung ist etwas, das wir für uns selbst als wahr annehmen, etwas, worin wir Vertrauen haben, gewöhnlich aufgrund unserer persönlichen Konditionierung und Erfahrung.

Sind Sie sich aller Ihrer Überzeugungen bewusst? Oder funktionieren Ihre Überzeugungen automatisch, ohne viel Nachdenken, Prüfen oder bewusstes Entscheiden?

Sind Sie sich bewusst, woher jede Ihrer Überzeugungen kommt, das heißt, wie und wann sie entstanden ist?

Sind Sie sich bewusst, dass Sie eine Überzeugung ändern können – bevor sie Sie verändert? Oder sind Überzeugungen für Sie in Stein gemeißelt?

Die unterschiedlichsten Überzeugungen können uns darin einschränken oder blockieren, mehr Liebe in unser Leben zu bringen. Deshalb nehmen wir zur Erläuterung einmal eine ganz häufige Überzeugung, verfolgen sie zurück zu ihrem Ursprung, untersuchen ihre einschränkenden Auswirkungen und stellen Techniken vor, um damit umzugehen.

Eine Grundüberzeugung: geringes Selbstwertgefühl

Von Zeit zu Zeit hegen die meisten von uns Zweifel über sich selbst und an ihrem Selbstwert. Solche Zweifel zeigen sich oft in Zeiten, in denen wir das Gefühl haben, einen Fehler gemacht zu haben, etwas getan zu haben, das wir als falsch, dumm oder schlecht bezeichnen, oder scheinbar bei etwas »gescheitert« zu sein. Zweifel können aufkommen, wenn wir uns verurteilt oder abgelehnt fühlen oder wenn wir uns selbst hart kritisieren, nicht mehr mögen oder sogar hassen.

Wenn solche Zweifel zur Gewohnheit werden, werden sie irgendwann zu einer Überzeugung, zum Beispiel »Ich bin minderwertig«, »Ich bin nicht gut genug«, »Ich verdiene keine Liebe«, »Ich bekomme nichts hin« oder »Ich bin ein Versager.« Und Überzeugungen dieser Art führen gewöhnlich zu einem schlechten Selbstbild, geringem Selbstwert und niedrigem oder gar keinem Selbstvertrauen.

Wir nennen diese Zweifel oder Ängste in Bezug auf uns selbst eine Grundüberzeugung, da sie am Grund oder im Mittelpunkt unserer Identität liegt. Sie hindert uns grundlegend und sehr effektiv daran, Selbstachtung, Selbstakzeptanz und Selbstliebe wirklich zum Ausdruck zu bringen.

Da dieses Buch die Meinung vertritt, dass wir andere nicht lieben können, wenn wir uns nicht selbst lieben, ist es wichtig, dass wir uns unsere Überzeugungen über uns selbst genau ansehen, besonders in Bezug auf unseren Selbstwert. Was sagen Sie sich zum Beispiel in Zeiten, wenn Sie sich am wenigsten selbst lieben und akzeptieren? Wie lautet Ihre Grundüberzeugung über Sie selbst?

Übung: eine Grundüberzeugung erkennen

Schließe die Augen ... Sitze gerade ... Atme ein paarmal tief ein und aus ... Entspanne dich ... Erlaube deinem Körper, deinen Gefühlen und Gedanken, still zu werden ... Werde wie ein ruhiger, stiller See ...
Wenn du bereit bist, lass zu, den Teil von dir zu erfahren, der dich nicht immer wirklich liebt ... Es kann der Kritiker oder der Richter in deinem Inneren sein ...

Nimm dir Zeit ... Warte einfach in der Stille, in dem Wissen, dass es zu dir kommen wird ... Lass auch die begleitenden Gedanken und Gefühle zu, die Zweifel und Ängste, die dieser Teil von dir über deinen Selbstwert hegt ... Was sagt dir dieser Teil? ... Welche Worte benutzt er? ... Was ist der schlimmste Gedanke oder Zweifel oder die schlimmste Angst, die du über deinen Selbstwert, dein Selbstbild hast? ...

Wenn Sie eine oder mehrere dieser Grundüberzeugungen über Ihren Selbstwert gefunden haben, schreiben Sie sie auf.

Das typische Funktionsmuster

Unserer Ansicht nach können die meisten Menschen leicht anerkennen und akzeptieren, dass sie eine oder mehrere dieser Grundüberzeugungen im Zusammenhang mit einem geringen Selbstwert haben. Wir haben ein typisches Funktionsmuster entdeckt: Erst löst jemand aus unserer Umgebung unsere Grundüberzeugung aus, indem er etwas sagt oder tut, wodurch wir uns minderwertig fühlen, dann reagieren wir gefühlsmäßig auf das Geschehen, und zu guter Letzt greifen wir zu einer Art Ersatzhandlung.

Grundüberzeugungen und ihre Funktionsmuster sind wie eine Jukebox. Wird ein Knopf gedrückt, dann wird der entsprechende Titel ausgewählt und gespielt, er wartet still und leise auf den nächsten Knopfdruck, und alles beginnt von vorn. Mit unserer Grundüberzeugung läuft ein ähnliches Reiz-Reaktionsmuster ein Leben lang automatisch ab, es sei denn, wir bemerken es und entscheiden uns, es zu ändern.

Wie werden unsere Knöpfe gedrückt? Grundüberzeugungen können durch größere Ereignisse in unserem Leben aktiviert werden, zum Beispiel wenn wir unseren Job verlieren, unser Partner die Beziehung beendet oder wir anderweitig an einer wichtigen Aufgabe »scheitern«, die wir uns gesetzt haben.

Unsere Knöpfe werden auch bei unzähligen anderen alltäglichen Ereignissen aktiviert, etwa wenn wir uns unbemerkt, ungehört oder missverstanden fühlen oder wenn wir den Eindruck haben, verurteilt, ignoriert oder abgelehnt zu werden.

Unsere gefühlsmäßigen Reaktionen können von Ärger bis Ängstlichkeit, von Verzagtheit bis Verzweiflung, von Hilflosigkeit bis Hoffnungslosigkeit reichen. In welcher Form sie sich auch äußert, *unsere Reaktion ist mehr eine Folge unserer Grundüberzeugung selbst als eine Folge der unmittelbaren Umstände,* von denen sie ausgelöst wurde, und ist somit Teil des Jukebox-Titels unseres Verhaltensmusters.

In dieses Muster gehören auch die Ersatzhandlungen, zu denen wir dann greifen. Wir können uns dem Essen zuwenden, Alkohol, Drogen, Sex, Schlaf, Arbeit, Verpflichtungen oder mehr Leistung. Wir können mangelnde persönliche Anerkennung und Selbstakzeptanz durch Geld, Prestige oder berufliche Anerkennung ersetzen.

Im Leben einiger Menschen ist diese Grundüberzeugung allgegenwärtig, während andere die Folgen ihrer Grundüberzeugung und die begleitenden geringen Selbstwertgefühle nur selten erleben. Nur sehr wenige Menschen haben dieses fast universelle menschliche Verhaltensmuster vollständig gemeistert (was auch immer sie sich selbst und anderen darüber sagen mögen).

Selbstbild und Wertschätzung

Wie gelangt ein Mensch zu einem schlechten Selbstbild?

Eine verbreitete Erklärung lautet, dass unser Selbstbild das Ergebnis der Wertschätzung ist, die uns die wichtigen Menschen um uns herum vor allem in unseren ersten beiden Lebensjahren vermittelt haben. Wenn wir uns also in jener Zeit von unserer Mutter anerkannt, akzeptiert und gut versorgt fühlten, dann fühlten wir uns zweifellos wohl mit uns selbst und entwickelten deshalb ein gesundes Selbstbild.

Falls wir uns jedoch nicht wertgeschätzt fühlten, schlossen wir daraus vielleicht, dass dies unsere Schuld war (dass mit *uns* etwas nicht stimmte), denn sonst wären wir ja wertgeschätzt worden.

Mit diesem Zweifel über unseren eigenen Wert in unserem kindlichen, zweijährigen Kopf begannen wir dann nach weiteren Indizien dafür oder dagegen zu suchen. Im Laufe der Jahre sammelten wir stichhaltige »Beweise«

dafür an, dass unsere Grundüberzeugung, einen geringen Selbstwert zu haben, tatsächlich stimmte. Somit wurde sie zu einer sich ständig selbst erfüllenden Überzeugung, die sich seither wie ein Song in einer Jukebox unser ganzes Leben lang endlos wiederholt, es sei denn, dass wir uns dessen bewusst werden und etwas daran ändern.

Beachten Sie, dass diese Erklärung nicht sagen will, unsere Eltern hätten uns nicht geliebt. Vielleicht waren sie einfach nur ungeschickt oder wussten nicht genau, wie sie uns das Gefühl geben sollten, willkommen und wertvoll zu sein, oder vielleicht hatten wir selbst Schwierigkeiten, ihre ganz eigene Art, uns ihre Liebe zu zeigen, zu erkennen oder anzunehmen.

In jedem Fall kommen wir zu der wahrscheinlichen Annahme, das die meisten von uns seit dem Alter von etwa zwei Jahren regelmäßig ein grundlegendes Szenario immer wieder neu erschaffen, mit einem Ensemble unterschiedlichster Charaktere, mit vielfältigen Handlungen und Begleitumständen, vielerlei Gefühlsreaktionen und der ganzen Bandbreite an Ersatzhandlungen – alle ganz darauf abgestimmt zu »beweisen«, wie »wahr« unsere Grundüberzeugung tatsächlich ist, einen geringen Selbstwert zu haben.

Einschränkende und nützliche Funktionen

Wie bei allen unseren Verhaltensmustern schränkt uns unsere Grundüberzeugung zwar ein, aber sie dient uns auch. Einerseits hindert sie uns daran, unsere Herzensgüte, unsere Ganzheit zu erfahren; sie hält uns davon ab, uns und andere zu lieben und zu akzeptieren.

Andererseits *gibt* uns unsere Grundüberzeugung auch etwas, sie tut etwas für uns, ansonsten würden wir gar nicht zulassen, dass sie uns weiter einschränkt. So kann sie uns zum Beispiel schützen, uns behüten, uns daran hindern, Risiken einzugehen, Fehler zu machen oder zu scheitern.

Erinnern Sie sich an Kapitel 2, *Funktionen von Ängsten*, S. 41f: Eine Methode, um herauszufinden, wie ein bestimmtes Verhaltensmuster (auch unsere Grundüberzeugung, einen geringen Selbstwert zu haben) uns dient, ist es, uns selbst zu fragen, was wir (1) verlieren könnten und (2) was wir *tun* oder *sein* müssten, wenn das Verhaltensmuster *kein* Teil von uns wäre.

Die »schlechte« Nachricht lautet, dass die meisten von uns die Grundüberzeugung hegen, einen geringen Selbstwert zu haben, was uns daran hindert, uns zu entscheiden zu lieben.

Die »gute« Nachricht lautet, dass wir etwas an unserer Grundüberzeugung ändern können. Wir können ihren mächtigen Einfluss und ihre einschränkenden Auswirkungen auf unser Leben minimieren. Wir können verhindern, dass sie uns davon abhält, uns selbst und andere zu lieben.

Verantwortung übernehmen

Wie wir in Kapitel 2, S. 33f, bereits sagten, werden wir von unseren Eltern, unserer Familie, gesellschaftlichen und politischen Institutionen und der Gesellschaft insgesamt konditioniert. Solche Konditionierungen können entweder erwünscht oder unerwünscht sein, hilfreich oder nachteilig.

Wir müssen jedoch Verantwortung für unsere Einstellungen und Überzeugungen übernehmen, ungeachtet dessen, woher sie stammen oder wie wir sie erlangt haben.

In seinem Buch *Bedingungslos lieben lernen* schreibt Ken Keyes: »Sie sind nicht für die Programme verantwortlich, die Sie in Ihrer Kindheit erworben haben. Aber als Erwachsener sind Sie hundertprozentig dafür verantwortlich, sie in Ordnung zu bringen.«

Wir haben die klare Absicht, Ihnen zu helfen, alles »in Ordnung zu bringen«, was Sie daran hindert, mehr Liebe in Ihr Leben zu bringen.

Unsere Überzeugungen bestimmen über unsere Erfahrungen

Während wir unsere Überzeugungen selbst für wahr halten, sind sie das für andere nicht unbedingt.

Ken Keyes Jr. schreibt hierzu: »Ein liebevoller Mensch lebt in einer liebevollen Welt. Ein feindseliger Mensch lebt in einer feindseligen Welt. Jeder, dem Sie begegnen, ist ein Spiegel.«* Aber wenn wir alle in *derselben* Welt leben, wie kann dann so etwas sein?

Das liegt daran, dass unsere Überzeugungen wie getönte Sonnenbrillen sind, durch die wir die Welt betrachten, und die Welt spiegelt uns das zurück, was wir ihr an Überzeugungen vorhalten.

Was für eine Welt sehen Sie? Eine liebevolle Welt? Eine feindselige? Oder eine vollkommen andere?

Welche Welt wir sehen und erleben, hängt davon ab, welche Brille wir tragen, das heißt, sie hängt von unseren Überzeugungen ab – auch wenn wir selbst vielleicht meinen, dass es sich genau andersherum verhält.

Der Schriftsteller und Pädagoge Rue Wallace Hass fasst es kurz und knapp so zusammen: »Was du siehst, ist, was du bist.«*

Was sehen Sie also? Und wer sind Sie demnach?

Es hängt alles von der Brille ab, die Sie tragen. Es hängt alles von Ihren Überzeugungen ab. Sie sind, was Sie überzeugt sind zu sein.

Überzeugungen ändern

Sind Sie gewillt, eine neue Brille anzuprobieren?

Sind Sie gewillt, Ihre Überzeugungen zu überdenken, vielleicht sogar einige davon zu ändern?

Es bedeutet, neu an die Dinge heranzugehen. Es bedeutet, sie auf eine neue Weise zu sehen.

Betrachten Sie zum Beispiel diese Abbildung. Was sehen Sie?

Was auch immer Sie sehen, schauen Sie sich die Zeichnung noch eine Weile an. Sehen Sie sie auf eine neue Weise. Lassen Sie zu, dass sie sich verändert und zu etwas anderem wird. Was sehen Sie jetzt?

Zuerst sehen Sie vielleicht die Silhouette zweier Menschen im Profil, die sich gegenseitig anblicken. Oder aber Sie sehen einen Pokal oder einen Weinkelch.

Sehen Sie beide Bilder? Betrachten Sie die Abbildung weiter, bis Sie den Pokal und die Gesichter sehen. Um zu verstehen, worauf wir hinauswollen, ist es wichtig, dass Sie beide Bilder erkennen.

Wenn Sie beide gefunden haben, beginnen Sie, Ihren Fokus mehrmals zwischen den Gesichtern und dem Pokal hin- und herzubewegen. Wiederholen Sie das so lange, bis Sie sich bewusst werden, *wie* genau Sie es schaffen, hin- und herzuwechseln. Was ist der *innere* Mechanismus oder Prozess, mit dem Sie Ihre Perspektive sofort und vollständig von einem Bild zum anderen verändern?

Auch wenn wir wissen, dass beide Perspektiven in der Abbildung vorhanden sind, so können wir unserem Bewusstsein doch nur befehlen, von einem Bild zum anderen zu wechseln. Unsere Perspektive kann sich daher mit einem Willensakt verändern, das heißt durch unseren Wunsch und unsere Entscheidung. Oder vielleicht haben Sie auch eine ganz andere Methode verwendet.

Re-Framing

Manchmal wird dieser Prozess auch als *Re-Framing* bezeichnet, das heißt, etwas Altes ganz neu zu betrachten, neue Perspektiven zu finden, neue Dimensionen zu entdecken oder nach neuen Bedeutungen und Interpretationen Ausschau zu halten.

Beachten Sie, dass die Zeichnung selbst sich nicht verändert; sie bleibt, wie sie ist. Nur unsere *Perspektive* ändert sich durch die Art und Weise, wie wir mit der Zeichnung interagieren. Beachten Sie auch, dass wir nicht beide Bilder gleichzeitig sehen können.

Nun stellen Sie sich vor, wie es wäre, wenn wir durchs Leben gehen würden und dabei nur *entweder* den Pokal *oder* die beiden Gesichter sehen würden. Stellen Sie sich vor, wie es wäre, wenn wir eine starke Bindung zu nur einem dieser Bilder hätten oder ein persönliches Interesse daran. Stellen Sie sich vor, wie es wäre, wenn wir uns vollständig auf dieses eine Bild fixieren würden, immer daran denken würden, das Bild noch verstärken würden, indem wir es in unserem Bewusstsein festhalten würden. Stellen Sie sich vor, wie es wäre, wenn wir dermaßen überzeugt von der Existenz nur dieses einen Bildes wären, dass wir fast unfähig wären, jedes andere Bild zu sehen.

Genau das kann passieren, wenn wir starr an einer Überzeugung festhalten. Wenn wir zu lange durch dieselbe Sonnenbrille geblickt haben, kann es passieren, dass wir bereits vergessen haben, dass wir sie auf der Nase tragen.

»Erkenne dich selbst«

Die meisten von uns wurden als Kind darauf konditioniert, nicht über sich selbst und das eigene Selbstwertgefühl zu sprechen. Eltern, Lehrer und andere sagten uns, es sei unhöflich, unerzogen, unanständig, eingebildet, egoistisch, ja sogar arrogant und narzisstisch, über unsere »guten Seiten« zu reden. Über die eigenen Stärken zu sprechen, anderen zu sagen, was man an sich mag, oder sich selbst ein Kompliment zu machen, wird in der westlichen Gesellschaft meist missbilligt, wenn nicht sogar als Tabu betrachtet.

Eine adäquate Selbstwürdigung und Selbstwertschätzung ist jedoch etwas ganz anderes als Prahlerei und Angeberei.

Das Gebot »Erkenne dich selbst« bedeutet ganz klar, sowohl unsere Stärken als auch unsere Schwächen zu erkennen und zu akzeptieren, unsere positiven Eigenschaften und unsere »negativen«, unser Kapital und unsere Verbindlichkeiten, und in der Lage zu sein, einfach, klar und objektiv über sie zu sprechen.

Übung: Selbstwertschätzung

Deshalb möchten wir Sie jetzt gerne bitten, Ihr Selbstbild einmal einem »Re-Framing« zu unterziehen, indem Sie sich alles anschauen, was Sie an sich selbst wertschätzen und lieben: Gewohnheiten, Fähigkeiten, Qualitäten, Charakterzüge, Verhaltensmuster, Einstellungen, Gefühle, Ideen, Handlungsweisen.

ANMERKUNG: Dies soll keine Auflistung von Dingen werden, die Sie *am Leben* lieben, etwa Schokolade, Hunde, Rosen, Mozart oder die Farbe Blau, sondern eine Liste dessen, was Sie *an sich selbst* lieben. Nehmen Sie wahr, wie Sie sich fühlen, wenn Sie sich selbst wertschätzen. Fühlen Sie sich dann zum Beispiel warm und entspannt? Unbehaglich und unwohl? Schüchtern und verlegen?

Schließe die Augen ... Sitze gerade ... Atme ein paarmal tief ein und aus ... Entspanne dich ... Erlaube deinem Körper, deinen Gefühlen und Gedanken, still zu werden ... Werde wie ein ruhiger, stiller See ...
Wenn du bereit bist, sage laut: »WAS ICH AN MIR LIEBE, IST ...«, und vervollständige den Satz mit einem Wort oder einer kurzen Formulierung, was immer dir spontan einfällt ... Denke nicht darüber nach ... Dann wiederhole es, und lass diesmal ein neues Wort oder eine neue Formulierung auftauchen ... Falls dir gerade nichts einfällt, beginne einfach von Neuem, in dem Wissen, dass bald etwas zu dir kommen wird ... Wiederhole es immer wieder mindestens fünf bis zehn Minuten lang ... Wir schlagen dir vor, deine Antworten schriftlich festzuhalten.

Wenn Sie fertig sind, prüfen Sie Ihre Antworten, vor allem die, die besonders bedeutsam oder wichtig sind oder Ihnen anderweitig auffallen.

Sie können sich gerne Notizen zu Ihrer Erfahrung mit dieser Übung machen oder Zeichnungen anfertigen. Hat sie Ihnen neue Einsichten oder Erkenntnisse beschert?

Wenn Ihnen Selbstwertschätzung fremd ist, finden Sie Wege, um sie in Ihren Alltag einzubringen. Sie schulden sich selbst ehrliche und positive Anerkennung.

Damit widersprechen Sie zugleich auch Ihrer Grundüberzeugung, einen geringen Selbstwert zu haben, und unterziehen Ihr Selbstbild einem »Re-Framing«.

Anfangs möchten Sie Ihre Selbstwertschätzung vielleicht lieber für sich behalten, aber irgendwann müssen Sie sie auch anderen gegenüber laut zum Ausdruck bringen (»Ich finde gut, wie ich ...«, »Ich bin sehr gut in ...«, »Ich liebe meine ...«). Ansonsten beteiligen Sie sich an einer Verschwörung des Schweigens, an einer gesellschaftlichen Konvention, die Sie weitaus mehr einschränkt als sie Ihnen dient.

Treue Soldaten

In ihrem Buch *The Unfolding Self: Psychosynthesis and Counselling* gibt uns Molly Young eine nützliche Analogie in Bezug auf die Grundüberzeugung, einen geringen Selbstwert zu haben.

Sie wissen vielleicht, dass noch Jahre nach dem Ende des 2. Weltkriegs ein japanischer Soldat gelegentlich auf einer Insel im Südpazifik im Dschungel gesehen wurde. Ohne zu wissen, dass der Krieg vorbei war, hatte er sich dort am Leben gehalten und auf Rettung gewartet. Als er schließlich gefunden wurde, sagte man ihm, er müsse sich nicht mehr verstecken, der Krieg sei vorbei, aber der ungläubige Soldat antwortete nur skeptisch: »Sie versuchen, mich hereinzulegen.« Am Ende wurde er überwältigt und nach Japan zurückgebracht, wo er mit allen militärischen Ehren als Held aus dem aktiven Dienst entlassen wurde, da er seinem Land treu gedient hatte, und schließlich wieder ins Zivilleben integriert wurde.

Wir möchten hier gern die positive Sichtweise anbringen, dass unsere Grundüberzeugung wie ein treuer Soldat ist. Sie hat uns über die Jahre gute Dienste geleistet. Sie hat uns verteidigt. Sie hat uns geholfen zu überleben. Sie hat uns am Leben erhalten, vielleicht durch viele Kämpfe und viel Schmerz.

Aber der Krieg ist vorbei!

Wir haben jetzt mehr Wahlmöglichkeiten, uns selbst zu schützen, als zu der Zeit, als wir zwei Jahre alt waren und unsere Grundüberzeugung in den aktiven Dienst einberiefen. Jetzt, da sie aus ihrem Versteck gekommen ist, muss unsere Grundüberzeugung wegen ihres einschränkenden Einflusses auf uns zwar nicht gleich dem Exekutionskommando übergeben werden, aber wir sollten sie mit allen Ehren in den Ruhestand versetzen, weil sie uns gute Dienste geleistet hat. Jetzt ist die Zeit gekommen, sie zu transformieren und in unsere Ganzheit aufzunehmen.

Wenn Sie beginnen, sich direkt damit zu befassen, seien Sie nicht überrascht, wenn aus dem Teil von Ihnen, der Ihre Grundüberzeugung für wahr hält, ungläubiger Widerstand kommt, nach dem Motto »Du versuchst mich hereinzulegen.« Schließlich hat diese Überzeugung Ihnen jahrelang gedient. Mit liebevoller Geduld werden Sie ihr jedoch im Laufe der Zeit deutlich machen können, dass der Krieg für Sie tatsächlich endlich vorbei ist.

In die Tat umsetzen

Affirmationen

Unser Gehirn ist ein Computer. Unser Geist ist der Programmierer. Unser Leben ist der Ausdruck.

Die meisten von uns programmieren sich schon seit dem Alter von zwei Jahren mit der Grundüberzeugung, einen geringen Selbstwert zu haben. Auf dem entsprechenden Computerausdruck stehen Zweifel, Zögerlichkeit, ein schlechtes Selbstbild und Mangel an Vertrauen, Selbstsicherheit, Akzeptanz und Liebe.

Wenn wir den Ausdruck ändern möchten, was ist dann zu tun? Natürlich muss die Programmierung geändert werden!

Ein wirkungsvolles Mittel, um Programmierungen zu ändern, sind Affirmationen. *Affirmationen sind positive Aussagen, Bilder und Handlungen, die wie ausgesäte Samen sind und klar und deutlich ein gewünschtes Ergebnis aufzeigen, als wäre es schon da.* Sie dienen dazu, Konditionierungen aus der Kindheit zu überwinden, und sind Befehle, die unserem Computer, dem Gehirn, mit Bestimmtheit erteilt werden.

Eine verbale Affirmation ist zum Beispiel die aus Kapitel 2, S. 47: »*ICH FÜHLE MICH IMMER SICHER, MICH ZU ENTSCHEIDEN ZU LIEBEN.*« Ein Beispiel für eine visuelle Affirmation ist die kreative Meditation (Idealmodell) über Ehrlichkeit und Offenheit aus Kapitel 4, S. 83f. Ein Beispiel für eine Handlungsaffirmation ist die »Handeln-als-ob«-Technik, die wir später in diesem Kapitel noch beschreiben werden.

Manche mögen sich fragen, wie die ständige Wiederholung eines Satzes, die Visualisierung eines Bildes oder körperliche Haltungen und Bewegungen ein lebenslanges Verhaltensmuster ändern sollen. Affirmationen sind ein Mittel, um unsere Aufmerksamkeit zu verschieben, ganz ähnlich wie wir bei der Pokal-/Gesichter-Zeichnung auf S. 101 unsere Konzentration von einem Bild zum anderen wechseln lassen. Sie sind ein Mittel, um unsere *Perspektive* auf uns selbst zu verändern. Sie sind eine neue Sonnenbrille, die wir uns gönnen – eine neue, positive Überzeugung.

Affirmationen werden eingesetzt, um eine Situation einem »Re-Framing« zu unterziehen, in diesem Fall unser Selbstwertgefühl. Sie basieren auf dem psychologischen Gesetz, demzufolge Aufmerksamkeit, Affirmationen und Wiederholungen die Ideen und Bilder verstärken, auf die sie sich konzentrieren. Mehr über dieses Gesetz finden Sie in *Die Schulung des Willens*, Kapitel 5, von Roberto Assagioli.

Mit den folgenden drei Affirmationstechniken können Sie Ihre Grundüberzeugung, einen geringen Selbstwert zu haben, einem »Re-Framing« unterziehen und anfangen, sich selbst mehr zu lieben und zu akzeptieren.

1. Verbale Affirmationen. Wirkungsvolle verbale Affirmationen haben folgende Eigenschaften:

- Sie werden positiv und energisch ausgesprochen (»Ich bin jetzt immer sehr selbstsicher« statt »Ich bin jetzt nicht mehr ängstlich«). Sie sind auf die neue innere Einstellung ausgerichtet, die wir uns aneignen wollen, statt auf die alte, die wir loslassen wollen.

- Sie sind kurz, gewöhnlich ein Dutzend Wörter oder weniger. Die meisten Grundüberzeugungen, einen geringen Selbstwert zu haben, sind schließlich genauso kurz (»Ich bin minderwertig«, »Ich bin nicht gut genug«, »Ich bekomme nichts hin«, »Ich bin ein Versager«) – und schauen Sie, wie wirkungsvoll sie sind!

- Sie werden in der Gegenwart ausgesprochen, als wäre das gewünschte Ergebnis schon erreicht (»Ich fühle mich jetzt immer sehr sicher, um offen für die Liebe zu sein« statt »Ich werde mich immer sicherer fühlen, um künftig offen für die Liebe zu sein«).

- Sie beginnen mit unserem Namen, damit sie persönlich bleiben und mit unserem Entwicklungsprozess in Beziehung stehen (»Ich, (Name), verdiene immer Liebe in meinem Leben.«)

- Sie sind absolut. Die Benutzung von Wörtern wie »immer«, »sehr« und »jetzt« und die Vermeidung von Formulierungen wie »ich kann«, »ich versuche« oder »ich habe die Fähigkeit« hilft, Schlupflöcher zu stopfen, damit der Teil von uns, der unsere Grundüberzeugung für wahr hält, keinen Platz für Ausnahmen finden kann.

- Sie sind auf uns und unser eigenes Leben begrenzt, weil wir keine Affirmationen für andere Menschen sprechen können (»Ich bin immer sehr liebevoll und liebenswert« statt »Die anderen finden mich immer sehr liebevoll und liebenswert«).

- Sie werden verstärkt, wenn wir das gewünschte Ergebnis visualisieren, während wir sie aufschreiben und laut aussprechen.

Der Unterschied zwischen einer Affirmation und einer Grundüberzeugung ist, dass die Grundüberzeugung eine Lüge ist, die wie die Wahrheit erscheint. Eine Affirmation ist eine Wahrheit, die wie eine Lüge erscheint!

Eine verbale Affirmation, die die Grundüberzeugung des geringen Selbstwerts umkehrt oder ihr widerspricht, kann einfach darin bestehen, das Gegenteil zu behaupten. Wenn unsere Grundüberzeugung zum Beispiel lautet: »Ich bin nicht gut genug«, könnte unsere Affirmation sein: »Ich bin immer gut genug« oder »Ich bin absolut perfekt, so wie ich jetzt bin.« Lassen Sie es wie die größte Lüge aussehen, die Sie auftischen können. Dann wird die Affirmation umso stärker und wirkungsvoller sein!

Sprechen Sie sie mehrmals, und beginnen Sie mit »Ich, (Name), ...« Visualisieren Sie dabei jedes Mal das gewünschte Ergebnis, um die Neuprogrammierung Ihres Computers, das »Re-Framing« Ihres Selbstwertgefühls, zu verstärken. Nehmen Sie sich Zeit. Bleiben Sie dabei frisch, energisch und lebendig.

Hier sind ein paar Vorschläge zur Verstärkung Ihrer Affirmation:

- Sprechen Sie sie ab und zu aus, wenn Sie in einen Spiegel blicken und sich dabei in die Augen sehen.
- Schreiben Sie sie immer wieder auf, und visualisieren Sie dabei das gewünschte Ergebnis.
- Schreiben Sie sie auf Karteikarten, die Sie zu Hause oder an Ihrem Arbeitsplatz auslegen.
- Tragen Sie eine Karteikarte als tägliche Erinnerung in der Tasche oder in der Geldbörse.
- Rufen Sie Freunde an, und teilen Sie ihnen zuversichtlich Ihre Affirmation mit.
- Suchen Sie sich ein Bild, oder fertigen Sie eine Zeichnung von etwas an, das symbolisiert, was Sie erreichen möchten, stellen Sie das Bild gut sichtbar auf, und behalten Sie es klar im Bewusstsein.

Suchen Sie weiter nach neuen und ungewöhnlichen Wegen, sich an Ihre Affirmation zu erinnern. Machen Sie sie in Ihrem Leben allgegenwärtig. Denken Sie daran, Sie machen ein »Re-Framing«. Sie programmieren Ihren Computer neu. Am wichtigsten daran aber ist, dass *Sie* Ihr gewünschtes Ergebnis *selbst* herbeiführen.

Fast jede Werbung beeinflusst uns mit Affirmationen, mit der Strategie, die Werbebotschaft in einem bestimmten Zeitraum ständig zu wiederholen. Auch wir können uns diese Strategie zunutze machen. Wir empfehlen

Ihnen, keine Ungeduld und Eile aufkommen zu lassen und Ihrer Affirmation die Zeit zu geben, die sie braucht, um Wurzeln zu schlagen. Stetige Wiederholung ist der Schlüssel. Die Originalprogrammierung, die Sie verändern möchten, ist nicht über Nacht entstanden, und deshalb wird sie wahrscheinlich auch nicht über Nacht verschwinden. Mit Affirmationen ist es wie mit der Werbung: Beharrlichkeit führt zum Ziel.

2. Visuelle Affirmationen. Eine grafische Form der Affirmation ist die kreative Meditation (Idealmodell), bei der wir in unserer Vorstellung detailliert sehen und erleben, wie wir unser Leben gerne hätten.

Kehren Sie nun zu Kapitel 4, S. 82ff, zurück, und rufen Sie sich nochmals Ihre Erfahrung in der kreativen Meditation ins Gedächtnis. Spielen Sie die Idealmodell-Technik dann noch einmal in Ihrer Vorstellung durch, ersetzen Sie dabei Ehrlichkeit und Offenheit durch Liebe und visualisieren und erleben Sie, wie liebevoll Sie idealerweise gerne sein würden. Auf diese Weise stellen Sie sowohl Ihrem Bewusstsein als auch Ihrem Unterbewusstsein einen einfachen und klaren Entwurf zur Verfügung, dem es folgen kann.

3. Handlungsaffirmationen (»Handeln als ob«). Eine dritte Affirmationstechnik ist das Gegenteil der beiden ersten: Mit unserem äußeren Verhalten führen wir eine Veränderung im Inneren herbei. Mit genügend Wiederholungen über einen bestimmten Zeitraum hinweg

können wir tatsächlich unseren inneren Zustand so verändern, dass er am Ende zu unserem äußeren Verhalten passt. Das erreichen wir, indem wir »handeln, als ob« der gewünschte innere Zustand bereits vorhanden wäre.

Diese Technik wenden wir im Alltag auch so schon häufig an. Wir wissen zum Beispiel, dass wir unser momentanes Befinden ändern können, ganz einfach durch äußere Handlungen wie Singen oder Pfeifen oder durch die Art, wie wir uns anziehen oder wie wir sprechen, stehen und uns bewegen. Die äußere Handlung ist der Auslöser der inneren Veränderung.

Indem wir uns so verhalten, als würden wir uns heiter, selbstsicher, mutig oder liebevoll fühlen, werden wir schließlich so, wie wir handeln. Studenten der Psychosynthese werden das fundierte psychologische Gesetz hinter dieser Technik erkennen, demzufolge Einstellungen, Bewegungen und Handlungen tendenziell die dazu passenden Vorstellungen und Ideen hervorrufen.

Denken Sie zunächst einmal an äußere, beobachtbare Verhaltensweisen, die die Eigenschaft der Liebe für Sie widerspiegeln. Beginnen Sie mit körperlichen Empfindungen, Haltungen, Gesten, Bewegungen und Handlungen, die Sie allein, vorzugsweise vor einem großen Spiegel, üben können. Machen Sie sie alle vor Ihrem Spiegelbild, und »handeln Sie, als ob« Sie sich echt und umfassend lieben und akzeptieren und ein hohes Maß an Selbstvertrauen und Selbstwertschätzung besitzen.

Später, wenn Sie mit dieser Technik vertraut sind, überlegen Sie sich äußere, beobachtbare Handlungen anderen gegenüber, indem Sie »handeln, als ob« Sie sie frei und umfassend lieben, auch (und besonders) wenn Sie eigentlich genau das Gegenteil für sie empfinden.

ANMERKUNG. Wenn wir »handeln, als ob« wir Liebe für uns selbst und andere empfinden, obwohl wir eigentlich eher negative Gefühle hegen, sind wir keinesfalls hinterlistig, heuchlerisch oder nicht authentisch, *wenn* wir die Absicht haben, uns mit der innersten, reinsten Ebene unserer selbst zu identifizieren und sie wachzurufen, trotz unserer »negativen« oder blockierten Gefühle. Zwar ist es notwendig, jeden Teil von uns zu akzeptieren, aber dennoch steht uns die *Entscheidung* frei, welchen dieser gegensätzlichen Teile wir einschalten und zum Ausdruck bringen möchten – den positiven oder den »negativen«, den höchsten oder den niedrigsten, den liebevollen oder den lieblosen. Diese wichtige Entscheidung liegt *immer* bei uns.

Weiterführende Literatur

In *Vivation* von Jim Leonard und Phil Laut heißt es: »Sobald Sie die Idee akzeptieren, dass Ihre Realität eine Projektion Ihres Geistes ist, neigen Sie immer weniger dazu, sich wie ein Opfer zu fühlen und sich die Richtigkeit Ihrer negativen Überzeugungen beweisen zu wollen. Zu akzeptieren, dass Ihre Realität die Projektion Ihres Geistes ist, heißt, dass Sie sich selbst die Möglichkeit geben, die Dinge selbst zu erschaffen, die Sie in Ihrem Leben haben möchten.«*

In *Kraft der Liebe* zeigt uns Sondra Ray, wie wir Affirmationen nutzen können, und schlägt uns Hunderte von Affirmationen vor, die in den unterschiedlichsten Situationen unseres Liebes- und Sexuallebens angewendet werden können.

In Kapitel 6 beschäftigen wir uns nun damit, inwiefern die Anerkennung und Akzeptanz *aller* Teile von uns ein wichtiger Schritt dahin ist, uns zu entscheiden zu lieben.

Kapitel 6

Sich dafür entscheiden zu akzeptieren

In diesem Kapitel sehen wir uns einmal genauer unsere personale Identität als Zusammensetzung aus den vielen Bildern an, die wir von uns selbst haben, und stellen fest, dass die Akzeptanz aller dieser Bilder ein wichtiger Schritt dahin ist, uns zu entscheiden zu lieben.

Was ist Akzeptanz?

Der Titel des Kapitels, *Sich dafür entscheiden zu akzeptieren*, bedeutet, uns selbst so zu akzeptieren, wie wir sind – alle Teile von uns zu akzeptieren –, ohne zu urteilen, zu kritisieren oder zu verdammen. Es bedeutet auch, andere so zu akzeptieren, wie sie sind, ohne sie ändern zu wollen.

Akzeptanz heißt nicht Verleugnung, Toleranz oder Resignation. Natürlich können wir Teile von uns zum Guten hin verändern, aber erst, *nachdem* wir sie akzeptiert haben.

Ansonsten neigen wir dazu, die Teile von uns, die wir nicht anerkennen oder akzeptieren, unsere positiven Eigenschaften und auch unsere »negativen«, auf andere zu projizieren; wir sehen andere dann nicht wie sie sind, sondern wir sehen nur unsere Projektionen.

Wenn wir uns also selbst mehr akzeptieren können, können wir auch andere Menschen klarer und echter sehen und akzeptieren. Alle Teile von uns zu akzeptieren ist also ein notwendiger Schritt, um frei und umfassend lieben zu können.

Selbstbilder

Wir alle bestehen aus vielen verschiedenen Einzelteilen. Wir können sie Selbstbilder oder Identifikationen nennen. Doch jedes davon ist nur ein Fragment, ein Teilbild, weil wir sie ständig wechseln und zu unterschiedlichen Zeiten zum Ausdruck bringen. Jedes Bild, das wir von uns haben, ist daher nur ein Einzelteil unserer gesamten personalen Identität.

Wir haben zahllose Teile, zahllose Bilder – so viele, dass es unmöglich wäre, sie alle aufzulisten. Die meisten von uns können zum Beispiel ehrlich sagen:

»Manchmal bin ich ein ...«

Aktivist	Anführer	Athlet
Außenseiter	Baby	Beobachter
Berater	Betrüger	Bettler
Clown	Dieb	Dummkopf

Egoist	Eiferer	Empfänger
Engel	Entertainer	Enthusiast
Erfolgsmensch	Erwachsener	Esoteriker
Extrovertierter	Fanatiker	Feind
Freund	Geber	Gegner
Gewinner	Gott	Heiliger
Helfer	Herumtreiber	Idealist
Innovator	Insider	Introvertierter
Kämpfer	Katalysator	Kenner
Kläger	Klatschmaul	Kommunikator
Konkurrent	Konsument	Kontrolleur
Kritiker	Langweiler	Lehrer
Liebender	Manipulierer	Mauerblümchen
Miststück	Mitläufer	Monster
Opfer	Optimist	Organisator
Parasit	Pazifist	Perfektionist
Pessimist	Pragmatiker	Problemlöser
Quälgeist	Realist	Rebell
Richter	Romantiker	Saboteur
Schöpfer	Schuft	Schwindler
Skeptiker	Sorgenmacher	Spaßvogel
Spion	Student	Süchtiger
Sünder	Teenager	Teufel
Tourist	Träumer	Tröster
Tyrann	Überflieger	Übertreiber
Unterstützer	Verbündeter	Verlierer
Versager	Verteidiger	Weiser
Widersacher	Zauberer	Zauderer
Zerstörer	Zuhörer	Zyniker

Dazu kommen noch viele weitere Bilder, die wir zu bestimmten Zeiten von uns haben. Einige der offenkundigsten hängen zusammen mit:

- Geschlecht
- Familie
- Nationalität
- politischen Überzeugungen
- häuslichen Pflichten
- Arbeit
- religiösem/spirituellem Glauben
- Hobbys und Freizeitbeschäftigungen
- Einstellungen, Überzeugungen, Wünschen
- physischem Körper/Empfindungen
- Emotionen und Gefühlen
- Geist und geistigen Prozessen

Dieser kurze Überblick stellt nur einen Bruchteil des reichen und sich stetig verändernden Mosaiks dar, das unsere personale Identität ausmacht. Es ist nur die Andeutung eines bunten Ensembles aus Charakteren, die wir in uns tragen und die nur darauf warten, akzeptiert und in unser Selbstgefühl, unsere Ganzheit aufgenommen zu werden.

Identifikation

Eine wirkungsvolle Methode der Psychosynthese, mit der die Selbstakzeptanz gefördert werden kann, ist die so genannte Identifikation. Mit ihr können wir verschiedene Teile von uns eingehend erforschen. Wir sehen ihnen direkt ins Auge, untersuchen sie von allen Seiten und akzeptieren sie vollständig als Teil von uns. Die Identifikation ist der erste Teil eines zweiteiligen Prozesses. Den zweiten beschreiben wir in Kapitel 7.

Die Identifikation gibt es in verschiedenen Formen. Eine ganz übliche Form besteht aus fünf Schritten. Im ersten Schritt sollen wir ein Bedürfnis, einen Wunsch, einen Charakterzug oder eine Einstellung in symbolischer Form visualisieren, etwa eine Person, ein Tier oder einen Gegenstand. Im zweiten Schritt sollen wir dann das Symbol auf die Eigenschaften hin untersuchen, die es für uns zum Ausdruck bringt. Im dritten Schritt werden wir aufgefordert, eine Zeichnung des Symbols anzufertigen, um es so in unserem Bewusstsein zu verankern.

Im vierten Schritt sollen wir dann mit dem Symbol interagieren und einen Dialog führen, um mehr über den Teil von uns zu erfahren, den es darstellt. Im letzten Schritt schließlich sollen wir zu dem Symbol werden, das heißt, uns als dieses Symbol vorstellen, uns vollständig mit ihm identifizieren, Einsichten darüber gewinnen, wie dieser Teil von uns sich anfühlt, denkt und sich verhält – das heißt, wie wir uns anfühlen, denken und verhalten, wenn *wir* diesen Teil von uns zum Ausdruck bringen.

Übung: personale Identifikation

Um einmal selbst eine Identifikation durchzuführen, suchen Sie sich ein personales Bild oder eine personale Identität, über die Sie gerne mehr erfahren würden, zum Beispiel eine aus der obigen Liste. Am besten nehmen Sie diese Übung vorher auf. Vermeiden Sie es, durch die Übung zu hetzen. Nehmen Sie sich Zeit.

Schließe die Augen ... Sitze gerade ... Atme ein paarmal tief ein und aus ... Entspanne dich ... Erlaube deinem Körper, deinen Gefühlen und Gedanken, still zu werden ... Werde wie ein ruhiger, stiller See ...
Wenn du bereit bist, lass zu, dass ein Bild oder ein anderes Symbol in dein Bewusstsein kommt, das für die personale Identität steht, die du dir ausgesucht hast ... Nimm dir Zeit ... Warte geduldig in der Stille, in dem Wissen, dass bald etwas zu dir kommen wird, das diese personale Identität darstellt ... Sei bereit anzunehmen, was auch immer kommt, ohne es zu beurteilen, zu zensieren oder abzulehnen ... Sei einfach nur bereit, es zu beobachten und zu untersuchen, mit dem Ziel, mehr darüber zu erfahren ...
Wenn du beginnst, etwas zu spüren, lass zu, dass es lebendiger wird ... Sieh dir seine Größe und Form an ... seine Dichte und Gestalt ... seine Farbe und Beschaffenheit ... Erkunde es mit so vielen Sinnen, wie du kannst ... Finde den Gesamteindruck, den es bei dir hinterlässt ...

Öffnen Sie dann wieder die Augen, und drücken Sie in Worten oder in einer Zeichnung entweder das Bild selbst oder seine Natur aus. Wenn Sie nichts gesehen haben, behalten Sie die Frage im Gedächtnis, und beginnen Sie, frei und spontan zu schreiben oder zu zeichnen und auf diese Weise etwas in Ihnen entstehen zu lassen.

Notieren Sie den Gesamt*eindruck* des Symbols und andere Worte, Gefühle oder Gedanken, die Ihnen während der Übung gekommen sind oder die gerade in Ihrem Bewusstsein sind.

Wir fahren mit dem vierten und fünften Schritt der Übung fort.

Schließe die Augen ... Werde wieder wie ein ruhiger, stiller See ...

Wenn du bereit bist, lass zu, dass das Bild oder das Symbol deiner personalen Identität wieder zu dir zurückkehrt ... Egal, was es ist, behandle es als Walt-Disney-Figur, die mit dir sprechen kann ... Wie ein Fremder in einem Zug oder in einem Flugzeug kann auch dein Symbol sehr freundlich, kooperativ und kommunikativ sein – oder auch nicht ... Bleibe so unparteiisch und objektiv wie möglich, gib ihm die Freiheit, es selbst zu sein, und erfahre, was immer du erfahren kannst ... Es ist in Ordnung, wenn es so scheint, als wäre alles nur in deiner Vorstellung ...

Finde so viel wie möglich über es heraus ... Seine Geschichte ... Wie lange es schon ein Teil von dir ist ... Was es braucht ... Wie es dir dient ... Wie es dich einschränkt ... Wie du mit ihm umgehen könntest ... Nimm dir Zeit ... Verbringe mehrere Minuten im Austausch mit ihm ... Erfahre alles, was du kannst ... Mach es jetzt, bevor du die nächsten Anweisungen befolgst ...

(FÜHRE NOCH EIN PAAR MINUTEN LANG DEN DIALOG MIT DEM SYMBOL FORT.)

Dann probiere in deiner Vorstellung das Idealbild an wie einen Mantel ... Begib dich hinein ... Verschmilz mit ihm ... Werde zu ihm ... Fühle, wie es ist, vollständig dieses Symbol zu sein ... Was sind deine Gefühle als dieses Symbol? ... Was sind deine Gedanken? ... Was sind deine Motivationen? ... Nimm dir Zeit, um diesen Teil von dir aus seiner Sicht zu erforschen ...

(IDENTIFIZIERE DICH NOCH SO LANGE WEITER MIT DEM SYMBOL, WIE DU MÖCHTEST.)

Wenn du bereit bist, erlaube dir, dich von diesem Symbol zu trennen ... Tritt aus ihm und von ihm zurück ... Richte dein Bewusstsein und deine Aufmerksamkeit wieder auf dein eigenes Selbst ... Und nimm den Dialog mit dem Symbol wie eben wieder auf ...

(FÜHRE DEN DIALOG MIT DEM SYMBOL NOCH SO LANGE FORT, WIE DU MÖCHTEST.)

Wenn dein Dialog zu Ende ist, erlaube allem zu verschwinden, in deiner eigenen Zeit ... Bringe deine Aufmerksamkeit zurück in den Raum, in dem du dich gerade befindest ... Öffne die Augen ... Atme tief ein ... Und strecke dich sanft ...

Schreiben Sie alle Gefühle, Gedanken und Fragen auf, die Sie aus der Identifikation mit Ihrer personalen Identität festhalten möchten. Notieren Sie insbesondere, wie sie Ihnen dient, wie sie Sie einschränkt und was sie sagt, das sie braucht.

Subpersönlichkeiten

In einer weiteren Identifikationstechnik stellen wir uns ein Bild oder eine Identität von uns als einzelne Person vor, mit eigenem Namen, eigener Persönlichkeit, eigenen Gefühlen, Gedanken und Verhaltensweisen. Wir nennen sie eine Subpersönlichkeit, da sie nur ein Teil unserer Persönlichkeit ist, nicht die ganze. Sie ist nur eine von vielen Figuren aus unserem inneren Ensemble.

Jede Subpersönlichkeit hat ihren eigenen, einzigartigen Ausdruck. Wann immer wir uns zum Beispiel hilflos und als Opfer fühlen (und deshalb unsere »Opfer«-Subpersönlichkeit zum Ausdruck bringen), stehen, sitzen, fühlen, denken, bewegen, reden und handeln wir anders, als wenn wir uns, sagen wir, bestimmt, stark und mächtig fühlen (und vielleicht eine »Anführer«-Subpersönlichkeit zum Ausdruck bringen).

Subpersönlichkeiten kann man mit Musikern in einem Orchester vergleichen. Alle haben ihren Teil zu spielen und ihren Beitrag zum Ganzen zu leisten. Viele Menschen allerdings haben ein Orchester ohne Dirigent, in dem sich die meisten Musiker als Star-Solisten betrachten, die ihre eigene Musik spielen und den Scheinwerfer, wann immer sie können, von allen anderen weg auf sich selbst richten.

Konflikte

Überall wimmelt es von Konflikten. Statt dieselbe Musik zu spielen und ein harmonisches Ganzes zu erschaffen, hören sie sich zusammen an wie beim Einstimmen der Instrumente vor dem Konzert. Sie sind undiszipliniert und unkoordiniert. Sie brauchen einen Anführer, jemanden, der die Führung übernimmt, der ihre Talente und alles, was sie zu bieten haben, dirigiert und in Harmonie bringt.

Genauso stehen auch Teile von uns miteinander im Wettstreit um Aufmerksamkeit und Ausdruck. Wenn wir Zwiespältigkeiten, Unschlüssigkeiten oder Konflikte in uns erleben, dann können wir davon ausgehen, dass sich zwei oder mehr unserer Subpersönlichkeiten uneinig sind. Ein Teil von uns will zum Beispiel in einer engagierten, liebevollen Beziehung sein, während ein anderer vor allem Freiheit und Unabhängigkeit will.

Ein ganz häufiger Konflikt vieler Menschen ist der zwischen unserer »Esoteriker«-Subpersönlichkeit und unserem »Pragmatiker«. Unser »Esoteriker«-Teil sagt: »Alles, was du im Leben tun musst, ist, deinen Glauben und dein Vertrauen in Gottes Hände zu legen, all deine Sorgen abzulegen und mit dem Strom zu schwimmen. Du kannst stets darauf vertrauen, dass Gott dir alles gibt, was du brauchst, und gut für dich sorgt.«

Unser »Pragmatiker« kontert: »Unsinn! Du kannst deine Probleme und deine Verantwortung nicht wegbeten und alles Gott überlassen. Außerdem muss Gott nicht die Miete zahlen oder für Essen auf dem Tisch sorgen. Ich bin derjenige, der das tun muss!«

Ganz unvermittelt kann unsere »Skeptiker«-Subpersönlichkeit auftauchen und verkünden: »Was macht euch beide eigentlich so sicher, dass es einen Gott gibt?« Und innerhalb kürzester Zeit entstehen Konstellationen weiterer Subpersönlichkeiten, die sich zusammentun und in der Debatte Partei ergreifen und für größte Konflikte, Verwirrungen und Zwiespältigkeiten in unserem Inneren sorgen. Ohne einen augenscheinlichen Dirigenten auf der Bühne verfällt das Orchester ganz schnell dem Chaos.

Es ist klar, dass wir einen Anführer brauchen, um solche Konflikte zu lösen und alle Teile von uns miteinander zu harmonisieren und zu vereinen. Die Entdeckung unseres Anführers ist das Thema von Kapitel 7, und der Einsatz unseres Anführers wird in Kapitel 8 besprochen.

Transpersonale Eigenschaften

Unser Gott-Selbst greift auf viele transpersonale Eigenschaften oder universelle Prinzipien zurück, die es durch uns ausdrücken will. Die »Engel-Meditationskarten«, die die Findhorn-Gemeinschaft als Bestandteil des *Spiels der Wandlung* entwickelt hat, illustrieren einige dieser archetypischen Eigenschaften. Natürlich gibt es noch viele weitere, aber die folgende Liste gibt Ihnen ein Gefühl für die vielen reinen Eigenschaften, die uns zur Verfügung stehen und nur darauf warten, erlebt und zu Ausdruck gebracht zu werden.

Abenteuer	Anmut	Ausgeglichenheit
Befreiung	Bereitschaft	Bildung
Bruderschaft	Dankbarkeit	Ehrlichkeit
Einfachheit	Enthusiasmus	Erwartung
Flexibilität	Freiheit	Freude
Frieden	Geburt	Geduld
Gehorsam	Glaube	Harmonie
Heilung	Hingabe	Humor
Inspiration	Integrität	Intention
Klarheit	Kommunikation	Kraft
Kreativität	Licht	Liebe
Mitgefühl	Mut	Offenheit

Reinigung	Schönheit	Spiel
Spontaneität	Stärke	Synthese
Tüchtigkeit	Überfluss	Verantwortung
Vergebung	Vergnügen	Verstehen
Vertrauen	Wahrheit	Wandlung
Zärtlichkeit		

Eigenschaften wie diese wohnen im Kern jeder Subpersönlichkeit, wie ihr äußeres Verhalten auch aussehen mag. Eine aggressive »Tyrannen«-Subpersönlichkeit zum Beispiel kann in ihrem Kern Kraft haben. Eine »Richter«-Subpersönlichkeit kann in ihrem Kern Einsicht haben. Eine »Sentimentalisten«-Subpersönlichkeit kann in ihrem Kern Liebe haben. So können alle Subpersönlichkeiten als *Verzerrungen* dieser reinen Eigenschaften betrachtet werden, als verborgene Geschenke, die nur darauf warten, entdeckt und in Anspruch genommen zu werden.

Wenn wir daher versuchen, eine scheinbar »unerwünschte« Erscheinungsform oder Subpersönlichkeit aus unserem Verhalten auszumerzen (zum Beispiel den Teil von uns, der Urteile fällt), dann enthalten wir uns das in ihr verborgene Geschenk vor. Unsere Herausforderung besteht darin, das Geschenk anzunehmen, indem wir den besten Gebrauch von unserer Subpersönlichkeit machen und es ihr ermöglichen, sich koordinierter, positiver, hilfreicher zum Ausdruck zu bringen. Wenn wir eine Subpersönlichkeit anerkennen, akzeptieren und ausdrücken und das Geschenk in ihrem Kern annehmen, wird sie besser in unsere Ganzheit integriert, statt ein verwirrendes, abgetrenntes Fragment zu bleiben.

Antriebe, dringende Wünsche, Bedürfnisse und andere charakteristische Verhaltensformen als Subpersönlichkeiten zu bezeichnen, hilft uns,

- sie zu formen und ihnen Struktur zu geben;
- sie deutlicher in unser Bewusstsein zu bringen;
- konstruktiv und systematisch mit ihnen umzugehen;
- uns auf positive Teile von uns zurückzubesinnen und sie auszudrücken.

Unsere Aufgabe ist nicht die negative Aufgabe, Urteile zu fällen und einen Teil von uns »falsch« oder »schlecht« zu machen und somit zu versuchen, ihn loszuwerden. Vielmehr ist es die positive Aufgabe, diesen Teil neu zu gestalten und mit anderen Teilen von uns zu harmonisieren und so die positiven Aspekte zu aktivieren, die er in unser Leben bringt.

Dieser Prozess beginnt mit der vollständigen Anerkennung und Akzeptanz der Subpersönlichkeit, indem wir sie bereitwillig so annehmen, wie sie ist, ohne Urteile, Kritik oder Verlegenheit. Wenn wir lernen, all unsere Teile zu akzeptieren, sind wir besser in der Lage, alle Teile anderer zu akzeptieren – ein entscheidender Schritt dahin, uns selbst und andere bedingungslos zu lieben.

Übung: Treffen mit einer Subpersönlichkeit

In Kapitel 2 haben Sie eine größere Blockade herausgefunden, die Sie davon abhält, mehr Liebe in Ihr Leben zu bringen. In Kapitel 5 haben Sie ein geringes Selbstwertgefühl als Grundüberzeugung festgestellt, die Sie stark darin einschränken kann, Liebe umfassend zu geben und zu empfangen. Nun laden wir Sie ein, den Teil von Ihnen zu treffen, der Sie daran hindert, mehr Liebe in Ihr Leben zu bringen.

Hier ist eine längere Übung. Wir empfehlen Ihnen, sie vorher aufzunehmen. Vermeiden Sie es, durch die Übung zu hetzen. Nehmen Sie sich Zeit. Planen Sie für diese Übung mindestens 30 Minuten ein.

Betrachten Sie zunächst einmal den Teil von Ihnen, der Sie davon abhält, mehr Liebe in Ihr Leben zu bringen. Überlegen Sie, wie Sie dies in Ihrem Leben erfahren.

Schließe die Augen ... Sitze gerade ... Atme ein paarmal tief ein und aus ... Entspanne dich ... Erlaube deinem Körper, deinen Gefühlen und Gedanken, still zu werden ... Werde wie ein ruhiger, stiller See ...

Wenn du bereit bist, stelle dir vor, draußen auf dem Land zu sein, inmitten einer wunderschönen Wiese ... Es ist ein warmer, angenehmer Tag. Fühle den Boden unter deinen Füßen ... Fühle, wie warm die Sonne auf deinen Körper scheint ... Sieh den blauen Himmel, die Bäume, das Gras und die anderen Pflanzen … Höre die Geräusche der Natur um dich herum … Rieche die frische Landluft … Erlebe den Frieden und die Zufriedenheit hier …

Nach einer Weile merkst du, dass sich ganz entfernt am Rand der Wiese ein Haus befindet und du auf einem Pfad stehst, der direkt dorthin führt … Du beschließt, dir das Haus genauer anzusehen, und beginnst, darauf zuzugehen …

Als du dich dem Haus näherst, siehst du ein Schild mit der Aufschrift: »Das Haus meiner Subpersönlichkeiten« … Du hörst Geräusche aus dem Haus, während du es langsam umrundest, erst an einer Seite entlang, dann an der Rückseite des Hauses, dann an der anderen Seite, bis du wieder auf der Vorderseite angelangt bist …

Du gehst zur Eingangstür, klopfst an, rufst durch die Tür ins Haus hinein und bittest die Subpersönlichkeit, die den Teil von dir darstellt, der dich daran hindert, mehr Liebe in dein Leben zu bringen, herauszukommen und mit dir spazieren zu gehen … Dann trittst du ein paar Schritte zurück und wartest …

Kurze Zeit später öffnet sich die Tür, und heraus kommt die Subpersönlichkeit, die den Teil von dir darstellt, den du näher erforschen möchtest …

Wie sieht sie aus – wie ist ihr Erscheinungsbild? … Versuche nicht, sie zu beurteilen, zu zensieren oder abzulehnen … Beobachte und erforsche sie einfach nur mit dem Ziel, mehr über sie zu erfahren …

Behandle deine Subpersönlichkeit, wer sie auch ist, wie eine Walt-Disney-Figur, die mit dir sprechen kann, und beginne ein Gespräch mit ihr … Finde so viel heraus wie möglich … Ihren Namen … Ihre Geschichte … Ihre Bedürfnisse … Ihre zugrunde liegende Motivation – warum sie tut, was sie tut … Wie sie dir dient … Wie sie dich einschränkt … Die positive transpersonale Eigenschaft in ihrem Kern, die sie dir schenkt … Nimm dir Zeit … Verbringe mehrere Minuten im Dialog mit ihr … Erfahre alles, was du kannst … Schreibe die wichtigsten Punkte auf, wenn sie auftauchen …

(FÜHRE DEN DIALOG MIT DER SUBPERSÖNLICHKEIT NOCH EINE WEILE FORT.)

Dann probiere in deiner Vorstellung die Subpersönlichkeit an wie einen Mantel ... Begib dich hinein ... Verschmilz mit ihr ... Werde zu ihr … Fühle, wie es ist, vollständig diese Subpersönlichkeit zu sein … Was sind deine Gefühle als diese Subpersönlichkeit? … Was sind deine Gedanken? … Was sind deine Motivationen? … Nimm dir Zeit, um diesen Teil von dir aus seiner Sicht zu erforschen …

(IDENTIFIZIERE DICH NOCH SO LANGE WEITER MIT DER SUBPERSÖNLICHKEIT, WIE DU MÖCHTEST.)

Wenn du bereit bist, erlaube dir, dich von dieser Subpersönlichkeit zu trennen … Tritt aus ihr und von ihr zurück … Richte dein Bewusstsein und deine Aufmerksamkeit wieder auf dein eigenes Selbst … Und nimm den Dialog mit der Subpersönlichkeit wie eben wieder auf …

(FÜHRE DEN DIALOG MIT DER SUBPERSÖNLICHKEIT NOCH SO LANGE FORT, WIE DU MÖCHTEST.)

Wenn dein Dialog zu Ende ist, fühle in deiner Vorstellung einen Sonnenstrahl oder eine Lichtsäule, die auf dich und deine Subpersönlichkeit herabscheint und euch beide mit ihrem Licht und ihrer Wärme erfüllt und einhüllt … Stelle fest, ob in einem von euch Veränderungen stattfinden …
Du wirst dir bewusst, dass die Lichtsäule in Wirklichkeit ein strahlender Aufzug oder Lift ist, und dass du und deine Subpersönlichkeit darin stehen und langsam beginnen aufzusteigen … Du fühlst dich absolut wohl, ruhig und sicher, als wäre es ein normales, alltägliches Ereignis … Ihr steigt weiter auf, und der Boden entfernt sich immer schneller …
Schon bald kannst du nicht nur das ganze Haus deutlich sehen, sondern auch die gesamte Wiese … Höher und höher steigt ihr in der Lichtsäule, bis das ganze Land zu einem weiten, herrlichen Panorama wird, das sich vor euch in alle Richtungen erstreckt, so weit ihr sehen könnt …

Jetzt tretet ihr in eine Bank aus weißen Schäfchenwolken ein … Schon bald verschwindet die ganze Welt unter euch aus eurem Blickfeld, und ihr seid vollkommen von Wolken eingehüllt …
Einen Augenblick später steigt ihr über die Wolken, und euch bietet sich ein fantastischer Anblick: ein wunderschöner, makelloser Garten mit Gras, Büschen, Bäumen und vielen verschiedenen Blumenarten … Die Blüten überall sind blendend weiß … Es ist ein Ort der Sicherheit, Liebe und Unterstützung … Als ihr aus der Lichtsäule hinaus auf einen sorgfältig beschnittenen Gartenweg tretet, empfindest du vollkommenen Frieden und absolute Zufriedenheit …
Nach einer Weile siehst du einen liebevollen Weisen sich nähern, jemanden, der dich sehr gut kennt und dich überaus liebt, und mit dem du dich sicher und vollkommen wohl fühlst … Der Weise spricht zu dir: »Ich bin hier, um dir zu helfen. Sprich mit mir über deine Anliegen. Ich weiß alles über dich, und ich bin in der Lage und bereit, dir alle Fragen zu beantworten, die du über dich und deine Subpersönlichkeiten hast.«
Beginne mit diesem liebevollen Weisen in den nächsten Minuten über deine Subpersönlichkeit zu sprechen … Erlaube euch dreien, euch gegenseitig Fragen zu stellen und zu beantworten und gemeinsame Anliegen zu besprechen … Redet darüber, was deine Subpersönlichkeit braucht und wie du am besten mit

ihr umgehst ... Schreibe die wichtigsten Punkte auf, wenn sie auftauchen ...

(FÜHRE DEN DIALOG MIT DER SUBPERSÖNLICHKEIT UND DEM WEISEN NOCH SO LANGE FORT, WIE DU MÖCHTEST.)

Nachdem der Dialog zu Ende ist, schenkt der Weise dir einen Gegenstand, um dir zu helfen, mit dieser Subpersönlichkeit umzugehen, vielleicht ein symbolisches Erinnerungsstück, und spricht zu dir: »Wisse, dass du, so oft du möchtest, in diesen weißen Garten zurückkehren und mit mir über alles sprechen kannst, was dir auf dem Herzen liegt. Ich bin hier, um dir zu helfen. Wie du bemerkt hast, weiß ich alles über dich und bin in der Lage und bereit, dir jede Frage zu beantworten, die du über dich selbst hast.«
Du dankst dem Weisen für das Geschenk und verabschiedest dich von ihm ... Du kehrst mit deiner Subpersönlichkeit zu der Lichtsäule zurück ... Ihr betretet sie erneut und beginnt langsam und sicher hinabzusteigen ... Schon bald tretet ihr in die Bank aus Schäfchenwolken ein, und der schöne weiße Garten verschwindet aus eurem Blickfeld ...
Einen Augenblick später kommt ihr unter den Wolken wieder hervor, und du erblickst das vertraute Land wieder, das sich vor euch erstreckt ... Ihr steigt immer weiter hinab, und schließlich heißt euch der Boden willkommen ... Nur kurze Zeit später stehen

du und deine Subpersönlichkeit wieder fest auf der Erde, in der Nähe der Eingangstür des Hauses auf der Wiese … Stelle fest, ob in einem von euch Veränderungen stattfinden …
Du fragst deine Subpersönlichkeit, ob sie dir noch etwas zu sagen hat, letzte Fragen oder Anmerkungen … Auch du sagst ihr noch alles, was du ihr sagen musst …
Dann verabschiedest du dich von deiner Subpersönlichkeit und erlaubst ihr, zurück ins Haus zu gehen … Sei dir bewusst, dass du jederzeit wieder zu diesem Haus zurückkehren und mit dieser Subpersönlichkeit oder einer anderen deiner Wahl sprechen kannst …
Du beginnst, den Fußweg entlangzugehen, der auf die Wiese führt, dorthin, wo du losgegangen bist … Beim Gehen fühlst du den Boden unter deinen Füßen … Fühle, wie warm die Sonne auf deinen Körper scheint … Sieh den blauen Himmel, die Bäume, das Gras und die anderen Pflanzen … Höre die Geräusche der Natur um dich herum … Rieche die frische Landluft … Erlebe den Frieden und die Zufriedenheit hier …
Erlaube allem zu verschwinden, in deiner eigenen Zeit ... Bringe deine Aufmerksamkeit zurück in den Raum, in dem du dich gerade befindest ... Öffne die Augen ... Atme tief ein ... Und strecke dich sanft ...

Schreiben Sie alle Gefühle, Gedanken und Fragen auf, die Sie gerne aus dieser Visualisierung festhalten möchten. Erwähnen Sie auch das symbolische Geschenk, das der Weise Ihnen mitgegeben hat, um mit dieser bestimmten Subpersönlichkeit umzugehen.

Um diese Übung abzuschließen, schließe wieder die Augen ... Werde wie ein ruhiger, stiller See ...
Wenn du bereit bist, lass zu, dass die positive transpersonale Eigenschaft in dein Bewusstsein kommt, die diese Subpersönlichkeit dir schenkt ... Wie oft erfährst du zurzeit diese Eigenschaft in deinem Leben? Welcher Teil von dir hält dich davon ab, mehr von dieser Eigenschaft zu besitzen? ... Wie? ... Warum? ...
Stelle dir vor, wie es wäre, in deinem Leben mehr von dieser Eigenschaft zu besitzen ... Wie wäre das Leben dann für dich? ... Was wäre anders? ... Wie wären dann deine Beziehungen? ...
Hättest du gerne mehr von dieser Eigenschaft in deinem Leben? ... Wenn ja, wie könntest du damit anfangen? ... Welchen »nächsten Schritt« bist du bereit zu gehen? ...
Visualisiere und erlebe dich, wie du diesen Schritt erfolgreich unternimmst und mehr von dieser Eigenschaft in deinem Leben hast ...
Dann erlaube allem zu verschwinden, in deiner eigenen Zeit ... Bringe deine Aufmerksamkeit zurück in den Raum, in dem du dich gerade befindest ... Öffne die Augen ... Atme tief ein ... Und strecke dich sanft ...

Sie können sich gerne Notizen zu Ihrer Erfahrung mit dieser Übung machen oder Zeichnungen anfertigen. Hat sie Ihnen neue Einsichten oder Erkenntnisse beschert?

Zusammenfassend zeigt die Identifikationsmethode, dass wir immer bereit sein müssen, uns selbst neu zu definieren und neue Teile, Einsichten und Dimensionen unserer personalen Identität zu entdecken, zu akzeptieren und auszudrücken, statt unser Selbst als Gesamtpaket mit festen Maßen anzusehen.

In die Tat umsetzen

Wie viele Subpersönlichkeiten kann man eigentlich haben?

Die englische Sprache zum Beispiel kennt laut dem Psychologen Gordon Allport etwa 18.000 Bezeichnungen für charakteristische Verhaltensweisen, und diese Zahl erhöht sich nochmals stark, wenn diese Bezeichnungen in Kombination verwendet werden! Wir haben also buchstäblich eine unbegrenzte Anzahl von Subpersönlichkeiten, auf die wir zurückgreifen können, um unsere Einzigartigkeit zum Ausdruck zu bringen.

Die Subpersönlichkeits-Technik

Hier sind ein paar Vorschläge, um die Subpersönlichkeits-Technik anzuwenden.

1. Morgendliche Planung. Überlegen Sie sich jeden Morgen, welche Ihrer Subpersönlichkeiten Ihnen im Laufe des Tages nützlich sein könnte, und identifizieren Sie sich dann zu bestimmten Zeiten oder an bestimmten Orten mit ihr – und bringen Sie sie zum Ausdruck.

2. Identifikation. Sagen Sie sich regelmäßig: »Wer (welcher Teil von mir – welche Subpersönlichkeit) erlebt diese Person oder Situation jetzt und reagiert darauf?« Seien Sie sich auch bewusst, welche Ihrer Subpersönlichkeiten immer dann spricht, wenn Sie das Wort »ich« verwenden.

3. Kreative Visualisierung mit Subpersönlichkeiten. Nutzen Sie Subpersönlichkeiten, um mit anderen Subpersönlichkeiten umzugehen. Begeben Sie sich zum Beispiel zu dem Haus auf der Wiese, und bitten Sie um ein Gespräch mit der Subpersönlichkeit, die Ihnen am besten helfen kann, mit einer anderen, problematischen Subpersönlichkeit umzugehen.

4. Abendliche Rückschau. Blicken Sie jeden Abend auf Ihren Tag zurück, und finden Sie heraus, welche Subpersönlichkeiten in welchen Situationen am aktivsten waren. Blicken Sie auch auf die Vergangenheit zurück, um herauszufinden, wann eine bestimmte Subpersönlichkeit aktiv war. Achten Sie auf Wiederholungsmuster.

Weiterführende Literatur

Subpersonalities: The People Inside Us von John Rowan ist ein umfassendes Buch für Menschen, die sich für ihre eigene Persönlichkeit und dafür, wie sie ihr tägliches Leben unterstützt oder einschränkt, interessieren. Es geht auf die Ursprünge, Entwicklung, Funktionen, Potenziale und den Nutzen von Subpersönlichkeiten ein und ist sowohl an Psychologen als auch an Laien gerichtet.

Als Nächstes treffen wir in Kapitel 7 den Dirigenten des Orchesters, das sich aus all unseren Subpersönlichkeiten zusammensetzt.

Kapitel 7

Sich dafür entscheiden, frei zu sein

In diesem Kapitel suchen wir nach Ihrem wahren Ich.

Wer sind Sie?

Wer sind Sie? Wer steckt hinter all den Bildern, Identifikationen und Rollen? Wo ist der Dirigent Ihres Orchesters aus Subpersönlichkeiten? Diese Fragen und die Antworten darauf sind die Grundlage von Kapitel 7.

Wie wir in Kapitel 6 gesehen haben, erleben wir uns zu unterschiedlichen Zeiten auf unterschiedliche Weise. Wir neigen jedoch dazu, unser Selbst hauptsächlich in einer der folgenden Weisen zu betrachten.

- **Ich bin mein Körper.** Ich bin sehr mit meinem Körper und seinen körperlichen Empfindungen verbunden. Er gibt mir das solide Bewusstsein zu leben. Ich und mein Körper sind eins. Ich lebe in einer äußeren, physischen Welt, und ich trete mit dem Leben meist durch meinen Körper in Kontakt und stehe durch meinen Körper mit ihm in Verbindung. Mein wahres Ich würde ohne ihn nicht existieren. Mein Körper ist im Grunde das, was ich bin.

- **Ich bin meine Gefühle.** Ich bin sehr empfindsam für meine Gefühle, und ich nehme sie intensiv wahr. Durch sie fühle ich, dass ich lebe. Ich und meine Gefühle sind eins. Ich lebe in einer leidenschaftlichen, emotionalen Welt und nehme das Leben größtenteils durch meine Gefühle wahr. Ohne sie würde mein wahres Ich nicht existieren. Meine Gefühle sind im Grunde, was ich bin.

- **Ich bin meine Wünsche.** Ich werde sehr von meinen Antrieben motiviert. Sie machen mich selbstbestimmt und geben mir das befriedigende Gefühl zu leben. Ich und meine Wünsche sind eins. Ich lebe in einer spontanen und sich stets verändernden Welt menschlicher Antriebe und Impulse, und ich erfahre das Leben größtenteils dadurch, dass ich versuche, meine Wünsche zu befriedigen. Ohne sie würde mein wahres Ich nicht existieren. Meine Wünsche sind im Grunde, was ich bin.

- **Ich bin mein Verstand.** Ich weiß, dass ich sehr auf meinen Verstand und seine Gedanken und Ideen eingestimmt bin, und ich halte Intellekt, Wissen und Verstehen für sehr wichtig. Durch sie weiß ich, dass ich lebe. Ich und mein Verstand sind eins. Ich lebe in einer rationalen, kognitiven Welt, und ich bin mir größtenteils durch meinen Verstand des Lebens bewusst. Ohne ihn würde mein wahres Ich nicht existieren. Mein Verstand ist im Grunde, was ich bin.

- **Ich bin meine Rollen.** Ich bin in vielen Bereichen sehr aktiv und fülle viele verschiedene Rollen aus, zum Beispiel als Sohn oder Vater, Ehefrau oder Ehemann, Lehrer oder Student, Künstler oder Angestellter. Sie bestätigen mir, dass ich lebe. Ich und meine Rollen sind eins. Ich lebe in einer facettenreichen Welt und spiele viele Rollen zum Wohle meiner selbst und anderer. Ich erfahre das Leben größtenteils durch meine Rollen. Ohne sie würde mein wahres Ich nicht existieren. Meine Rollen sind im Grunde, was ich bin.

Mit welcher dieser Beschreibungen identifizieren Sie sich in erster Linie?

Identifikation

In Kapitel 6 haben wir gesagt, dass die Methode der *Identifikation uns anleitet,* in das *Teilbild einzutreten,* es uns überzuziehen, zu ihm zu werden und es auszudrücken, um mehr über es zu erfahren, es anzuerkennen, zu akzeptieren und es und seine Geschenke effektiver zum Ausdruck zu bringen. Dies ist der erste Teil eines zweiteiligen Prozesses.

All diese Bilder sind nicht nur Teilbilder, sondern sie können sich auch verändern, und deshalb sind sie im Grunde nicht, *wer* wir sind, weil unser essenzielles Selbst immer dasselbe ist – rein, beständig und unveränderlich. Vom Kindesalter über das Erwachsenenalter bis hin zum Lebensende, wie wir es kennen, ist dieser eine Ort in uns konstant und bleibt immer gleich.

Es ist dieser unparteiische, unabhängige Beobachter in uns, der sich allem bewusst ist, was wir in unserem Leben erlebt haben. Es ist dieser innerste Ort in uns, den die Psychosynthese unser »personales Selbst« oder »Ich« nennt.

Disidentifikation

Hier in Kapitel 7 sehen wir uns nun den zweiten Teil des Prozesses genauer an. Nachdem wir einen Teil von uns vollständig anerkannt und uns mit ihm identifiziert haben, *leitet uns die Psychosynthese-Methode der Disidentifikation an, aus diesem Teilbild herauszutreten*, uns von ihm abzutrennen, uns ein wenig von ihm wegzubewegen – und zwar nicht, um es zu verleugnen, zu vermeiden, zu unterdrücken oder ihm Einhalt zu gebieten, sondern vielmehr, um es zu beobachten, einen besseren Blick für es zu bekommen und, wenn wir es nicht bereits getan haben, es anzuerkennen, zu akzeptieren und wirkungsvoller mit anderen Teilen von uns zu harmonisieren.

Ein Weg, um diesen beständigen Mittelpunkt in uns zu erfahren, ist also, von allem, mit dem wir uns identifizieren, zurückzutreten, damit wir erfahren können, wer wir sind, wenn wir nicht all diese anderen Dinge sind.

Unsere Aufgabe ist es, *alle* Teilbilder, die wir von uns haben, wie eine Zwiebel abzuschälen, um unseren Mittelpunkt freizulegen, den beständigen Ort in uns, der sich niemals verändert. Um herauszufinden, wer wir sind, entfernen wir einfach vorübergehend alles von uns, was wir nicht sind, das heißt all unsere Teilbilder und Identifikationen, all unsere unterschiedlichen Subpersönlichkeiten und Rollen.

Übung: Selbstbewusstsein

Diese Übung, ursprünglich von Roberto Assagioli formuliert und zitiert aus seinem Buch *Die Schulung des Willens*, Anhang I, Selbstidentifikationsübung, hilft uns zurückzutreten, um zu erfahren, wer wir im Wesentlichen sind. Dies geschieht in zwei Teilen. Zunächst schälen wir uns wie eine Zwiebel, was uns hilft, unsere Teilbilder genauer anzusehen und gleichzeitig den Standpunkt des Beobachters zu wahren und zu erkennen, dass der *Beobachter nicht das ist, was er beobachtet.* Dies führt uns dann zum zweiten Teil, wo wir uns unseres göttlichen Mittelpunktes bewusst werden, unseres personalen Selbst oder »Ichs«.

Wir schlagen Ihnen vor, die Übung vorher aufzunehmen. Vermeiden Sie es, durch die Übung zu hetzen. Nehmen Sie sich Zeit.

Schließe die Augen ... Sitze gerade ... Atme ein paarmal tief ein und aus ... Entspanne dich ... Erlaube deinem Körper, deinen Gefühlen und Gedanken, still zu werden ... Werde wie ein ruhiger, stiller See ...
Wenn du bereit bist, bekräftige langsam Folgendes ...

Teil 1. *Ich habe einen Körper und körperliche Empfindungen, aber ich bin nicht mein Körper und meine körperlichen Empfindungen ... Mein Körper mag sich in verschiedenen Zuständen der Gesundheit oder Krankheit befinden; er mag ausgeruht oder müde sein, aber das hat nichts mit meinem personalen Selbst, meinem wirklichen »Ich« zu tun ... Ich schätze meinen Körper als mein kostbares Werkzeug der Erfahrung und der Tätigkeit in der äußeren Welt, aber er ist nur ein Werkzeug ... Ich behandle ihn gut, ich versuche, ihn bei guter Gesundheit zu halten, aber er ist nicht ich selbst ... Ich habe einen Körper, aber ich bin nicht mein Körper ...*
Ich habe Gefühle und Emotionen, aber ich bin nicht meine Gefühle und Emotionen ... Meine Gefühle sind verschiedenartig, sie wechseln und manchmal widersprechen sie sich ... Sie mögen von Liebe zu Hass, von Ruhe zu Ärger, von Freude zu Leid übergehen, und trotzdem verändert sich mein Wesen –

meine wahre Natur – nicht ... »Ich« bleibe unverändert ... Auch wenn mich momentan eine Welle des Ärgers überflutet, so weiß ich doch, dass sie vorübergehen wird; folglich bin ich nicht dieser Ärger ... Da ich meine Gefühle beobachten und verstehen kann und dann allmählich lerne, sie zu leiten, zu benutzen und harmonisch zu integrieren, ist es klar, dass sie nicht mein Selbst sind ... Ich habe Gefühle, aber ich bin nicht meine Gefühle ...

Ich habe Wünsche und Impulse, aber ich bin nicht meine Wünsche und Impulse ... Wünsche werden durch physische und emotionale Triebe und andere Einflüsse geweckt ... Sie ändern und widersprechen sich oft und schwanken zwischen Anziehung und Ablehnung hin und her; daher sind sie nicht mein Selbst ... Ich habe Wünsche, aber ich bin nicht meine Wünsche ...

Ich habe einen Verstand und Gedanken, aber ich bin nicht mein Verstand und meine Gedanken ... Mein Verstand ist ein wertvolles Werkzeug der Entdeckung und des Ausdrucks, aber er ist nicht das Wesen meines Seins ... Sein Inhalt ändert sich beständig, indem er neue Ideen, neues Wissen und Erfahrungen aufnimmt ... Oft weigert er sich, mir zu gehorchen! Deswegen kann er nicht ich, mein Selbst, sein ... Er ist ein Organ des Erkennens, der Vorstellung und der Intuition – sowohl für die äußeren als auch für die inneren Welten, aber er ist nicht mein Selbst ... Ich habe einen Verstand, aber ich bin nicht mein Verstand ...

Ich befasse mich mit verschiedenen Tätigkeiten und spiele viele Rollen im Leben ... Ich muss diese Rollen spielen und spiele sie gerne so gut wie möglich, sei es die Rolle des Sohnes oder Vaters, der Ehefrau oder des Ehemannes, des Lehrers oder des Studenten, des Künstlers oder des Angestellten ... Aber ich bin mehr als der Sohn, der Vater, der Künstler ... Das sind Rollen, spezifische, aber partielle Rollen, die ich spiele, zu denen ich Ja sage, die ich anschauen und beobachten kann, während ich sie spiele ... Deshalb bin ich keine von ihnen ... Ich bin selbstidentifiziert, ich bin nicht nur der Schauspieler, sondern der Direktor der Handlung ...

Teil 2. *Nach der Disidentifikation meines personalen Selbst, des »Ichs«, von den Inhalten des Bewusstseins, wie Empfindungen, Gefühlen, Wünschen, Impulsen, Gedanken und Rollen, erkenne und bekräftige ich, dass ich ein Mittelpunkt reinen Selbstbewusstseins, reiner Liebe und reinen Willens bin. Ich bin fähig, all meine psychischen Vorgänge und meinen physischen Körper zu beobachten, zu leiten und zu benutzen.*
Ich habe einen Körper, aber ich bin nicht mein Körper ...
Ich habe Gefühle, aber ich bin nicht meine Gefühle ...
Ich habe Wünsche, aber ich bin nicht meine Wünsche ...

Ich habe einen Verstand, aber ich bin nicht mein Verstand …
Ich habe Rollen, aber ich bin mehr als meine Rollen …
Ich bin ich, ein beständiger Mittelpunkt reinen Selbstbewusstseins, reiner Liebe und reinen Willens …

Sie können sich gerne Notizen zu Ihrer Erfahrung mit dieser Übung machen oder Zeichnungen anfertigen. Hat sie Ihnen neue Einsichten oder Erkenntnisse beschert?

Die meisten Menschen brauchen lange, um diese Art von Selbstbewusstsein zu entwickeln, daher ist es völlig in Ordnung und ganz natürlich, wenn Sie Ihr personales Selbst nicht sofort (zufriedenstellend) erfahren. Wie bei allen Übungen in diesem Buch werden Sie größeren Gewinn daraus ziehen, wenn Sie die Übung regelmäßig wiederholen, bis sie real für Sie wird.

Zurücktreten

Wenn wir in der Lage sind, vollständig von all unseren Teilidentifikationen zurückzutreten, ist das, was übrig bleibt, unser Mittelpunkt – nicht einfach ein weiteres Bild, eine weitere Subpersönlichkeit oder Rolle, sondern unser personales Selbst, das wir in unserer Essenz sind.

Aber wie treten wir im »wirklichen Leben« zurück, wenn wir mit Problemen und Schwierigkeiten konfrontiert sind? Wie disidentifizieren wir uns?

Ein Weg, um zurückzutreten, besteht darin, uns selbst direkt und objektiv im Augenblick zu beobachten und uns selbst Fragen zu stellen. Was erleben wir gerade? Wessen sind wir uns bewusst? Was sind unsere Gefühle? Unsere Gedanken? *Wer*, welcher Teil von uns – welche Subpersönlichkeit – erlebt es? Warum geschieht es jetzt? Welche Lektion können wir daraus lernen? Welche Botschaft vermittelt uns unser Gott-Selbst durch diese Erfahrung? Welches verborgene Geschenk oder welchen verborgenen Nutzen können wir darin entdecken?

Wenn wir uns nach innen wenden und uns ruhig auf diese Fragen und Antworten konzentrieren, die oft in der Stille zu uns kommen, hält uns dies davon ab, uns in Sorgen, Verwirrung und Unentschlossenheit zu verstricken. Natürlich kann das Problem nicht automatisch gelöst werden. Unsere Gefühle und Gedanken darüber verändern sich gewöhnlich nicht sofort.

Wenn wir aber daran denken, uns solche Fragen über eine äußere Schwierigkeit oder einen inneren Konflikt zu stellen, gibt uns das festen Boden unter den Füßen. Es hilft uns, uns Wahlmöglichkeiten anzusehen und etwas zu unternehmen. Es macht die Lage gewöhnlich überschaubarer. Es hilft uns, am Ende vielleicht sogar von der Schwierigkeit zu profitieren, statt uns von ihr aufreiben oder bezwingen zu lassen. Aus einer anderen Perspektive kann sich die Schwierigkeit oft in eine Chance verwandeln.

Machtpunkt

Wenn wir uns unserer Vermeidung, Gegenwehr, Angst oder anderer Blockaden in einem bestimmten Bereich bewusst werden (darunter auch der, mehr Liebe in unser Leben zu bringen), können wir uns selbst fragen, welcher Teil von uns, welche Subpersönlichkeit, dies fühlt und warum. Dann können wir uns, wenn wir möchten, dafür entscheiden, *uns mit ihr zu identifizieren,* in sie hineinzutreten und sie zu übertreiben, um sie umfassender und bewusster zu erleben, bis wir sie langsam anerkennen und akzeptieren können.

Später können wir uns dann entscheiden, *uns von ihr zu disidentifizieren,* wieder aus ihr zurückzutreten, um zu einer Perspektive zu gelangen, aus der heraus wir mit ihr umgehen können.

Es ist daher unsere Entscheidung, in unser personales Selbst oder »Ich« einzutreten oder aus ihm zurückzutreten, und der *Akt der Entscheidung wird zum Machtpunkt,* nicht die Vermeidung, Gegenwehr, Angst oder andere Blockaden. Diese Entscheidung führt zu größerem innerem Frieden und größerer innerer Meisterschaft.

In der Disidentifikation liegt viel Selbstbestimmtheit, weil sie uns zeigt, dass *wir aus allem, in das wir hineintreten, auch wieder heraustreten können,* und wir somit keine Angst mehr vor unseren Gefühlen, Gedanken oder anderen Teilen von uns haben müssen. *Die Macht und Freiheit, diese Entscheidung zu treffen, liegt immer bei uns.*

Ein grundlegendes Prinzip der Psychosynthese ist es, dass wir *von allem beherrscht werden, mit dem wir uns identifizieren, und alles beherrschen, lenken und nutzen können, von dem wir uns disidentifizieren.* Daher müssen uns unsere körperlichen Empfindungen, Gefühle, Wünsche, Gedanken, Rollen und anderen Identifikationen nicht mehr kontrollieren, wie es vielleicht bisher der Fall war. Wir kennen jetzt einen Weg, um sie wirkungsvoller zu steuern und einzusetzen. Die Disidentifikation ist eine Methode, die es uns ermöglicht, uns von der Beherrschung all unserer Teilbilder zu befreien, auch von all unseren Blockaden, die uns daran hindern, mehr Liebe in unser Leben zu bringen. Sie gibt uns ein Mittel an die Hand, um frei zu sein.

Sie ermöglicht es uns, uns zu *entscheiden,* frei zu sein.

Damit hat die Disidentifikation viele Vorteile. Sie hilft uns, (a) von allem zurückzutreten, was wir fühlen, denken und womit wir uns identifizieren, (b) alle Teile von uns zu beobachten, zu nutzen und zu harmonisieren, (c) zu erleben, wer wir sind, ein beständiger Mittelpunkt reinen Selbstbewusstseins, reiner Liebe und reinen Willens, und (d) zur Ruhe zu kommen, unser Selbst zu nähren und es zu heilen.

Unser Ziel ist es aber nicht, nun die ganze Zeit über disidentifiziert zu bleiben. Vielmehr besteht es darin, die verborgenen Geschenke *aller* Teile von uns besser akzeptieren und ausdrücken zu können, um zu innerer Meisterschaft und Ganzheit zu gelangen.

Übung: Das personale Selbst erkennen

Es kann beruhigend sein zu erkennen, dass unser grundlegendes, essenzielles Selbst unser ganzes Leben lang dasselbe bleibt, ungeachtet all dessen, was um uns herum geschieht. Um Ihre Erfahrung mit Ihrem personalen Selbst zu vertiefen, stellen wir Ihnen nachfolgend eine Übung vor, die sich an dem Konzept von Diane Whitmore in ihrem Buch *Kreativitätsspiele mit Kindern: Transpersonale Psychologie in der Erziehung* orientiert.

Wir schlagen Ihnen vor, die Übung vorher aufzunehmen. Vermeiden Sie es, durch die Übung zu hetzen. Nehmen Sie sich Zeit.

Schließe die Augen ... Sitze gerade ... Atme ein paarmal tief ein und aus ... Entspanne dich ... Erlaube deinem Körper, deinen Gefühlen und Gedanken, still zu werden ... Werde wie ein ruhiger, stiller See ...
Wenn du bereit bist, erlaube einer Erinnerung aus deiner frühen Kindheit, in dein Bewusstsein zu kommen ... Es kann eine angenehme oder unangenehme Erinnerung sein ... Nimm dir Zeit ... Warte geduldig in der Stille, in dem Wissen, dass bald etwas zu dir kommen wird ... Sei bereit zu akzeptieren, was immer kommt, ohne es zu beurteilen, zu zensieren oder abzulehnen ... Sei einfach nur bereit, es zu beobachten und zu untersuchen ...
Wenn du beginnst, etwas zu spüren, lass zu, dass besondere Einzelheiten zu dir zurückkommen ...

Wie alt bist du? ... Welche Kleidung trägst du? ... Wo bist du? ... Welche Tageszeit ist es? ... Welche Jahreszeit? ... Ist noch jemand anderes da? ... Was geschieht gerade? ... Was siehst du? ... Was hörst du? ... Wie fühlst du dich? ... Beobachte diese Erfahrung mit so vielen Sinnen, wie du kannst ... Lass sie noch einmal sehr real werden, aber vermeide es, dich darin zu verlieren ...

Frage dich: Wer, welcher innerste Ort in mir, hatte ursprünglich diese Erfahrung? ... Wer war damals ein Kind? ... Wer erlebt dies jetzt wieder neu? ... Wer ist sich jetzt dessen bewusst? ... Wer bin ich? ...

Dann erlaube einer Erinnerung aus deinen Teenagerjahren, zu dir zu kommen ... Nimm dir Zeit ... Warte geduldig in der Stille, in dem Wissen, dass bald etwas zu dir kommen wird ... Sei bereit zu akzeptieren, was immer kommt, ohne es zu beurteilen, zu zensieren oder abzulehnen ... Sei einfach nur bereit, es zu beobachten und zu untersuchen ...

Wenn du beginnst, etwas zu spüren, lass zu, dass besondere Einzelheiten zu dir zurückkommen ... Beobachte diese Erfahrung mit so vielen Sinnen, wie du kannst ... Lass sie noch einmal sehr real werden, aber vermeide es, dich darin zu verlieren ...

Frage dich: Wer, welcher innerste Ort in mir, hatte ursprünglich diese Erfahrung? ... Wer war damals ein Teenager? ... Wer erlebt dies jetzt wieder neu? ... Wer ist sich jetzt dessen bewusst? ... Wer bin ich? ...

Dann erlaube einer Erinnerung aus der letzten Woche, zu dir zu kommen ... Nimm dir Zeit ... Warte geduldig in der Stille, in dem Wissen, dass bald etwas zu dir kommen wird ... Sei bereit zu akzeptieren, was immer kommt, ohne es zu beurteilen, zu zensieren oder abzulehnen ... Sei einfach nur bereit, es zu beobachten und zu untersuchen ...
Wenn du beginnst, etwas zu spüren, lass zu, dass besondere Einzelheiten zu dir zurückkommen ... Beobachte diese Erfahrung mit so vielen Sinnen, wie du kannst ... Lass sie noch einmal sehr real werden, aber vermeide es, dich darin zu verlieren ...
Frage dich. Wer, welcher innerste Ort in mir, hatte ursprünglich diese Erfahrung? ... Wer erlebt dies jetzt wieder neu? ... Wer ist sich dessen bewusst? ... Wer bin ich? ...
Dann erlaube einer Erfahrung, zu dir zu kommen, die irgendwann in der Zukunft stattfinden könnte ... Nimm dir Zeit ... Warte geduldig in der Stille, in dem Wissen, dass bald etwas zu dir kommen wird ... Sei bereit zu akzeptieren, was immer kommt, ohne es zu beurteilen, zu zensieren oder abzulehnen ... Sei einfach nur bereit, es zu beobachten und zu untersuchen ...
Wenn du beginnst, etwas zu spüren, lass zu, dass besondere Einzelheiten zu dir kommen ... Beobachte diese Erfahrung mit so vielen Sinnen, wie du kannst ... Lass sie sehr real werden, aber vermeide es, dich darin zu verlieren ...

Frage dich: Wer, welcher innerste Ort in mir, stellt sich jetzt diese zukünftige Erfahrung vor? ... Wer ist sich dessen jetzt bewusst? ... Wer wird die Erfahrung in der Zukunft machen? ... Wer hat eine Zukunft? ... Wer wird sich dann dessen bewusst sein? ... Wer bin ich? ...

Erkenne, dass es ein grundlegender, innerster Ort in dir ist, dasselbe »Du«, der all diese Erfahrungen hatte ... Es ist dieses einzigartige »Du«, das für Kontinuität und Stabilität in deinem Leben sorgt ... Es ist dieses »Du«, das sich genau im Mittelpunkt deines Wesens befindet, wenn alles andere weggeschält wird ... Es ist dieses »Du«, das rein, beständig und unveränderlich ist ... Es ist dieses »Du«, das dein personales Selbst ist ... Es ist dieses »Du«, das direkt mit deinem Gott-Selbst verbunden ist ...

Sie können sich gerne Notizen zu Ihrer Erfahrung mit dieser Übung machen oder Zeichnungen anfertigen. Hat sie Ihnen neue Einsichten oder Erkenntnisse beschert?

Funktionen des personalen Selbst

Unser personales Selbst hat zwei grundlegende Funktionen. Eine, wie wir in diesem Kapitel gesehen haben, ist die des »Beobachters«, der objektiv *Bewusstsein* wahrnimmt und ausdrückt. Aber er ist mehr als nur ein unparteiischer Zuschauer. Es drückt auch die kreative Kraft des *Willens* aus, der das Thema von Kapitel 8 ist.

Idealerweise nutzt unser personales Selbst diese beiden Funktionen, um all unsere Teilidentifikationen in einem vereinten, harmonischen Ganzen zusammenzuführen. Deshalb ist unser personales Selbst der Dirigent des Orchesters unserer Teilbilder, Subpersönlichkeiten und Rollen. Gemeinsam spielen sie in Harmonie die überschwängliche Partitur, die unser Gott-Selbst für uns komponiert hat.

In die Tat umsetzen

Hier sind ein paar Vorschläge, um die Disidentifikation anzuwenden.

1. Verbale Affirmationen. Wiederholen Sie täglich die vollständige Übung für personales Selbstbewusstsein von S. 148ff. Machen Sie zusätzlich mehrmals über den Tag verteilt diese Kurzform der Übung:

ICH HABE EINEN KÖRPER, ABER ICH BIN NICHT MEIN KÖRPER.

ICH HABE GEFÜHLE, ABER ICH BIN NICHT MEINE GEFÜHLE.

ICH HABE WÜNSCHE, ABER ICH BIN NICHT MEINE WÜNSCHE.

ICH HABE EINEN VERSTAND, ABER ICH BIN NICHT MEIN VERSTAND.

ICH HABE ROLLEN, ABER ICH BIN MEHR ALS MEINE ROLLEN.

ICH BIN ICH, EIN BESTÄNDIGER MITTELPUNKT REINEN SELBSTBEWUSSTSEINS, REINER LIEBE UND REINEN WILLENS.

2. Der Beobachter. Direkt nachdem Sie diese Affirmationen gesprochen haben, nehmen Sie sich fünf Minuten Zeit, um sich selbst zu beobachten – etwa das Erscheinungsbild, die Empfindungen und den Zustand Ihres Körpers, Ihre Gefühle und Emotionen und wie Sie sie erfahren und ausdrücken, Ihre Bedürfnisse und Wünsche und wie Sie sie befriedigen, Ihre Gedanken und Ideen und was sie Ihnen bedeuten, Ihre Subpersönlichkeiten und Rollen und wie sie Sie beeinflussen.

Dabei sagen Sie immer wieder laut: *»ICH BIN MIR JETZT BEWUSST, DASS …«* und beenden den Satz mit etwas, dessen Sie sich in diesem Augenblick über sich selbst bewusst sind. Vermeiden Sie wertende oder kritische Aussagen. Verbessern Sie Ihre Fähigkeit, scharfsichtiger, genauer und objektiver in Bezug auf Sie selbst zu sein, denn dann beginnen Sie, Ihr personales Selbst freier und klarer zu erleben und auszudrücken.

3. Disidentifikations-Erinnerung. Sagen Sie sich regelmäßig: »*ICH BIN MEHR ALS DIE/DER, FÜR DEN ›ICH‹ MICH AUCH IMMER IN IRGENDEINEM MOMENT HALTE, DENN ICH (ALS MEIN PERSONALES SELBST) WEISS, DASS ‚ICH' MICH STÄNDIG VON EINER SUBPERSÖNLICHKEIT ZUR ANDEREN VERÄNDERE.*«

Weiterführende Literatur

Werde was du bist von Piero Ferrucci ist ein exzellentes, praktisches Handbuch für psychologisches und spirituelles Wachstum. Es ist eine klare und einfache Einführung in das Konzept und die wichtigsten Techniken der Psychosynthese. Wir empfehlen Ihnen, dieses Buch als Erstes zu lesen, wenn Sie mehr über die Psychosynthese und ihre Anwendung im Alltag erfahren wollen.

In Kapitel 8 beschäftigen wir uns nun mit der Art, wie wir Beschlüsse fassen und umsetzen und welchen Einfluss dies darauf hat, mehr Liebe in unser Leben zu bringen.

Kapitel 8

Sich dafür entscheiden zu handeln

In diesem Kapitel sehen wir uns genauer den Prozess an, wie wir Beschlüsse fassen und umsetzen, um unseren Willen zu stärken und um freier und umfassender zu lieben.

Bemerkungen zum Thema Entscheidungen

Dieses Buch vertritt die Auffassung, dass es eine bewusste Handlung ist, mehr Liebe in unser Leben zu bringen. Wie bei allen persönlichen Handlungen müssen wir die Entscheidung dazu treffen. Wenn wir also mehr darüber wissen, wie wir Entscheidungen treffen und in die Tat umsetzen, kann uns das helfen, etwas gegen unsere Blockaden gegen die Liebe zu tun.

- Einige Entscheidungen fallen uns leicht, andere finden wir unendlich schwierig. Die schwierigen sind ein lest: Entscheiden wir uns für das Einfache, Bequeme und Angenehme und nehmen den Weg des geringsten Widerstands? Oder setzen wir unseren Willen ein, um die Stärke und den Mut aufzubringen, durch unsere Ängste hindurchzugehen und uns direkt mit der Situation auseinanderzusetzen?

- Wenn wir eine Entscheidung nicht bewusst treffen, treffen wir sie am Ende unbewusst. Mit anderen Worten: Unsere Unentschiedenheit ist am Ende entscheidend.

- Wo ein Wille ist, ist auch ein Weg. Wie gewillt sind wir, uns nach einem anderen Weg umzuschauen? Wie gewillt sind wir, Beschlüsse zu fassen und Entscheidungen zu treffen, die unser Leben verbessern (statt es einzuschränken)?

- Manchmal braucht es Ehrlichkeit, Offenheit und Mut, Entscheidungen zu treffen, die gut für uns sind – »Nein« zu sagen, wenn uns ein »Ja« leichter fiele, einen neuen, unerprobten Pfad einzuschlagen, nach unseren eigenen Werten und Prioritäten zu leben, was andere auch immer dazu sagen mögen.

- Es gibt uns die Macht, freie und bewusste Entscheidungen zu treffen, wie groß oder klein sie auch sein mögen. Entscheidungen zu treffen ermöglicht es uns, wie die Indianer sagen, »fest in unserem Kreis der Macht« zu stehen, unsere Freiheit und Unabhängigkeit zum Ausdruck zu bringen und Dinge zu erledigen.

- Eine absolut zentrierte, bewusste und gewillte Entscheidung ist eine, bei der wir uns mit Distanziertheit entscheiden können, etwas zu tun oder es nicht zu tun. Es ist eine Entscheidung, die nicht durch Ängste, impulsive Wünsche oder Zwänge konditioniert ist. Es ist eine Entscheidung, die zu größerer Freiheit und Unabhängigkeit führt statt zu Einschränkungen oder Abhängigkeit. Es ist eine verantwortungsvolle Entscheidung, die weder uns noch anderen schadet.

Der Wille

In *Ein Kurs in Wundern* heißt es, dass wir sämtliche Barrieren in uns finden müssen, die wir vor der Liebe errichtet haben. Ein Ziel dieses Buches ist genau das. Doch selbst wenn wir einige unserer Barrieren kennen, fällt es uns womöglich sehr schwer, etwas daran zu ändern. Was hält uns davon ab, ihren Einfluss auf uns zu verringern oder auszumerzen? Was hält uns davon ab, die Entscheidung zu treffen und umzusetzen, mehr Liebe in unser Leben zu bringen?

Eine Antwort darauf kann sein, dass unsere Blockaden stärker sind als unsere Absicht oder unser Wille, sie zu überwinden. Falls ja, dann müssen wir unseren Willen stärken, als Schritt dahin, uns für mehr Liebe zu entscheiden.

Was ist der Wille? Es ist *nicht* starke Willenskraft, Macht, Kontrolle, Beherrschung, Manipulation oder

Selbstverleugnung. Es bedeutet *nicht*, die Zähne zusammenzubeißen und zu sagen: »Ich *werde* dies oder das tun (auch, wenn ich dabei umkomme)« oder »Ich zwinge dir meinen Willen auf, ob du das gut findest oder nicht.« Auch ist es kein Instinkt, Antrieb, Bedürfnis oder Wunsch.

In *Die Schulung des Willens* schreibt Roberto Assagioli:

> *»Die wahre Funktion des Willens liegt nicht im Handeln gegen die Persönlichkeitstriebe, um die Erfüllung bestimmter Zwecke zu* **erzwingen***. Der Wille hat eine* **leitende** *und* **regulierende** *Funktion; er gleicht aus und benutzt auf konstruktive Weise alle anderen Tätigkeiten und Energien des Menschen, ohne irgendeine von diesen zu unterdrücken.«*

In seiner einfachsten Form also *ist der Willensakt die Fähigkeit, eine freie und bewusste Entscheidung zu treffen und sie dann effektiv in die Tat umzusetzen.* Es ist eine Willensäußerung, die Handlungen vereinfachen soll.

Der Wille ist notwendig, um all unsere persönlichen Ressourcen zu mobilisieren und Veränderungen anzustoßen und zu integrieren. Deshalb brauchen wir den Willen, um mehr Liebe in unser Leben zu bringen.

Reinformen und Verzerrungen

Die transpersonale Qualität des Willens kann auf vielerlei Arten erfahren und ausgedrückt werden. Einige können als Reinformen betrachtet werden, andere sind verzerrt durch unsere Bedürfnisse, Wünsche und Erfahrungen. Die folgende Liste enthält Beispiele für beide Formen. Um ein Gefühl für den Willen und für Ihr Verhältnis zu ihm zu bekommen, überlegen Sie einen Augenblick, wie oft Sie folgende Eigenschaften erfahren oder zum Ausdruck bringen.

Reinformen des Willens	*Verzerrungen des Willens*
Ausdauer/Geduld	Ärger/Groll
Beharrlichkeit/ Hartnäckigkeit	Aggression/ Gewalt
Bestimmtheit	Angst, die Kontrolle zu verlieren
Disziplin	Angst vor einer Falle
Durchsetzungsfähigkeit/Initiative	Beherrschung/ Zwang
Energie/ dynamische Kraft	Hilflosigkeit/ Machtlosigkeit
Entschiedenheit	Manipulation
Integration/Synthese	Rebellion
Konzentration/ Blickschärfe	Starrsinn
Meisterschaft	Streben nach Macht
Mut/Wagemut	Unnachgiebigkeit
Ordnung/Organisation	Widerstand
Verantwortung	Zwiespältigkeit/ Unentschlossenheit

Die Reinformen machen konstruktive Handlungen einfacher, während die Verzerrungen entweder Handlungen einschränken oder zu destruktiven Handlungen führen.

Der Prozess der Entscheidung

Einigen Menschen fällt es ziemlich leicht, Beschlüsse zu *fassen* und Entscheidungen zu *treffen*. Sie haben ihre eigenen Methoden oder Verfahrensweisen, die gut für sie funktionieren.

Anderen fällt dies sehr schwer. Sie sind unentschlossen und können sich nicht festlegen. Oder sie sind zwiespältig und können sich mit allen Seiten einer Angelegenheit anfreunden. Oder sie zögern eine Entscheidung einfach so lange wie möglich hinaus, bevor sie sich zu etwas verpflichten.

Einigen Menschen fällt es ziemlich leicht, ihre Beschlüsse und Entscheidungen *umzusetzen* oder danach zu handeln. Sie verwirklichen die ursprüngliche Idee ohne große Schwierigkeiten. Sie füllen ihre Entscheidungen mit Leben und tragen dann die Konsequenzen.

Anderen fällt es stets schwer, ihre Beschlüsse und Entscheidungen in die Tat umzusetzen. Gewöhnlich stoßen sie auf Blockaden und Grenzen, die sie davon abhalten, ihre Entscheidungen zu verwirklichen. Entweder handeln sie gar nicht, oder ihnen gelingt nicht, was sie angefangen haben, oder sie sind nicht bereit, die

Verantwortung für die Folgen ihrer Handlungen zu übernehmen.

Einige Menschen treffen rationale Entscheidungen. Sie stellen fest, was sie benötigen, sammeln Informationen, finden heraus, was machbar ist, analysieren und bewerten jede Option und ziehen am Ende einen logischen Schluss, gewöhnlich das, was ihnen am »besten« oder »angemessensten« erscheint.

Andere Menschen treffen *intuitive* Entscheidungen. Sie spüren, was immer »geschehen will« oder sich in diesem Moment »gut anfühlt«, und folgen dem, ohne weiter darüber nachzudenken. Später suchen diese Menschen dann eventuell auch noch nach rationalen Gründen, um ihre intuitiven Entscheidungen zu begründen oder zu stützen.

Einige Menschen treffen Entscheidungen schnell, ja sogar spontan, während andere Entscheidungen hinauszögern und sich so lange wie möglich alle Optionen offen halten.

Überlegen Sie einen Augenblick lang, was Sie auf die folgenden Fragen darüber antworten würden, wie Sie Entscheidungen treffen und umsetzen.

- Auf welche Weise treffen Sie *vorwiegend* Entscheidungen und Beschlüsse?
- Was hindert Sie daran, Entscheidungen und Beschlüsse schneller und leichter zu *treffen*?
- Was hindert Sie daran, sie schneller und leichter *umzusetzen*?

- Welche Auswirkungen hat Ihre Art, Entscheidungen zu treffen, auf das Grundprinzip dieses Buches, das heißt, dass Sie sich *entscheiden* können, mehr Liebe in Ihr Leben zu bringen?
- Haben Sie eigentlich schon die Entscheidung getroffen, mehr Liebe in Ihr Leben zu bringen?

Wir haben festgestellt, dass die Menschen die letzte Frage üblicherweise entweder vom Kopf her (das heißt mit einem Gedanken) oder vom Herzen her (mit einer Sehnsucht) beantworten. Die Barrieren und Blockaden gegen die Liebe wohnen jedoch gewöhnlich im so genannten Solarplexus, der Magengrube, wo oftmals Bauchgefühle wie zum Beispiel Ängste empfunden werden.

Für viele Menschen – zumindest bis sie beginnen, ihren Willen zu stärken – sind diese Bauchgefühle so stark, dass sie starke *Widerstände* aufbauen, mit denen Gedanken und andere psychologische Funktionen geschwächt oder wirkungslos werden können.

Einfach ausgedrückt können Ängste Gedanken und Sehnsüchte überwältigen, so wie ein Radiosender einen anderen überlagern kann. Aber glücklicherweise können wir unseren Willen einsetzen, um diesen Störungen ein Ende zu setzen.

Entscheidungen, Widerstand und Vermeidung

Widerstand ist nicht dasselbe wie bloße Uneinigkeit oder Meinungsverschiedenheiten. Es ist vielmehr ein Akt des Trotzes, des Widerspruchs oder der Rebellion, der oft von Angst geschürt wird. Wie bereits erwähnt ist Widerstand eine Verzerrung des Willens. Gewöhnlich erfahren wir ihn in uns, wenn wir etwas vermeiden wollen – eine Person, eine Situation, ein Problem oder uns selbst. Er kann uns helfen, etwas hinauszuzögern, abzuwenden oder zu sabotieren, auch das, von dem wir behaupten, es zu wollen.

Unsere Widerstandsmuster beginnen gewöhnlich in der Kindheit als Reaktion auf das Bedürfnis, uns selbst zu schützen, und von da an tragen wir sie bis ins Erwachsenenalter mit uns herum, noch lange nachdem wir dem ursprünglichen Bedürfnis entwachsen sind. Oft werden sie zu gewohnten Verhaltensweisen.

Kurzfristig hilft uns unser Widerstand, uns sicherer und machtvoller zu fühlen und somit wohler oder zumindest weniger unwohl. Langfristig allerdings beraubt er uns unserer Entscheidungsfreiheit und auch unserer Selbstentfaltung. Als »treuer Soldat«, der uns fast unser ganzes Leben lang gegen »den Feind« verteidigt hat, kann unser Widerstand aus dem »aktiven Dienst« entlassen werden, wenn wir uns bewusst werden, dass der »Krieg« vorbei ist.

Widerstand gibt es in vielen Formen. Die folgende Liste enthält nur ein paar Beispiele. Welche erleben Sie als Teil Ihrer Vermeidungsmuster?

- **Langeweile und Ungeduld.** Wir leisten Widerstand entweder, indem wir uns durch Apathie oder Monotonie abstumpfen lassen, oder indem wir ewig ruhelos sind.

- **Verwirrung und Unentschlossenheit.** Wir müssen nie etwas *tun*, so lange wir ständig im Umbruch, in einer Krise oder im Durcheinander leben.

- **Nachgiebigkeit.** Wir leisten Widerstand, indem wir uns von unserer Selbstsucht, Faulheit oder anderen egoistischen Wünschen beherrschen und kontrollieren lassen.

- **Intellektualisierung.** Wir lesen Bücher, gehen auf Vorlesungen, besuchen Kurse, führen Buch, diskutieren, analysieren und bewerten – aber belassen alles sicher auf der intellektuellen Ebene, um zu vermeiden, etwas *tun* zu müssen und Veränderungen in unserem Leben herbeizuführen.

- **Unsichtbarkeit.** Wir ziehen uns still in den Hintergrund zurück, leisten kaum einen Beitrag und verlegen uns womöglich auf stille Sabotage oder passive Aggression.

- **Verurteilung.** Wir finden Wege, um andere Menschen oder Dinge »falsch« oder »schlecht« zu machen, und geben uns so einen guten Grund, sie in sicherem, beherrschbarem Abstand zu halten.

- Unverbindlichkeit. Indem wir unverbindlich bleiben, versuchen wir, Risiken, Verantwortung und sowohl Misserfolge als auch Erfolge zu vermeiden.

- Aufschub. Wir schaffen die geeigneten Umstände, um hinauszuzögern, einer Person, Situation oder einem Problem gegenübertreten zu müssen.

- Rationalisierung. Wir finden »gute Gründe« für alles, was wir tun wollen, und für alles, was wir vermeiden wollen.

- Rebellion. Wir sind rasch dabei, uns selbstgerecht zu empören, und handeln gegen alles, was wir vermeiden wollen. »Niemand sagt *mir*, was ich zu tun habe!«

- Opferhaltung. So lange wir das Gefühl haben, ein Opfer der Umstände zu sein, und jemanden oder etwas haben, dem wir unsere Lage zuschreiben können, können wir es vermeiden, dafür verantwortlich zu sein, wer wir sind und wie wir leben.

- Arbeit und Aktivität. Wir halsen uns Verpflichtungen auf und bleiben so immer ausgelastet, beschäftigt, abgelenkt und nicht verfügbar.

Wie stellen Sie es sonst noch an, Dinge zu vermeiden?

Übung: Der Willensakt

Nun schauen wir uns den Willensakt selbst einmal genauer an und laden Sie ein, die Methode zu testen, indem Sie sie auf die Entscheidung zu lieben anwenden.

In der Psychosynthese ist der Willensakt in sechs aufeinanderfolgende Phasen aufgeteilt:

- Ein Ziel festlegen, das wir erreichen wollen;
- überlegen, wie wir es erreichen können;
- entscheiden, es zu tun;
- die Absicht bekräftigen;
- die Umsetzung planen;
- den Plan ausführen.

Natürlich gehen wir all diese Phasen nicht bewusst durch, wenn wir im Alltag Entscheidungen treffen, und das ist auch gar nicht nötig. *Wir empfehlen Ihnen aber dennoch, alle Phasen durchzugehen, wenn Sie eine wichtige Angelegenheit oder Veränderung in Ihrem Leben angehen möchten.*

Der Wert dieser Methode liegt darin, dass sie uns Kraft verleiht, unseren Willen stärkt und uns hilft, unser Ziel systematisch zu erreichen.

Gewöhnlich ist jeder mit einigen dieser Phasen erfolgreicher als mit anderen. Gehen Sie immer nur eine Phase auf einmal durch; so können Sie Schwächen in Ihrer Art entdecken, zu Entscheidungen zu kommen und diese umsetzen, und können dann Schritte zur Verbesserung unternehmen.

Phase I
Ein Ziel festlegen, das wir erreichen wollen

Die erste Phase des Willensaktes besteht darin, ein bestimmtes Ziel festzulegen, das Sie erreichen wollen. Für diese Übung empfehlen wir Ihnen, ein Ziel zu wählen, das Ihnen helfen würde, Ihre *Blockaden* gegen Liebe anzugehen, zum Beispiel »mein Selbstwertgefühl verbessern, mehr Glaube und Vertrauen zeigen, ehrlicher und offener kommunizieren, auf andere zugehen und neue Freundschaften schließen oder mehr Risiken eingehen«.

Legen Sie in dieser Phase ein Ziel fest, das Sie begeistert, eines, das Sie erstrebenswert und wichtig finden, das Sie definitiv erreichen wollen. Formulieren Sie es klar und deutlich, und beginnen Sie mit: *»ICH BENUTZE MEINEN WILLEN, UM …«*

Und was sind Ihre Motive oder Gründe dafür, dieses bestimmte Ziel erreichen zu wollen? Was werden Sie davon haben – welchen Nutzen, welchen Wert und welche Vorteile hat es für Sie? Wenn Sie wissen, warum es sich lohnt, sind Sie motivierter und bleiben auch weiterhin daran interessiert, Ihr Ziel zu erreichen.

Phase 2
Überlegen, wie wir es erreichen können

In der zweiten Phase des Willensaktes geht es darum zu überlegen, welche Wege es gibt, Ihr Ziel zu erreichen – Aktionen, Tätigkeiten und Projekte –, mit den wahrscheinlichen Ergebnissen und Folgen, damit Sie sich ganz bewusst für die beste Option aus einer Vielzahl von Möglichkeiten entscheiden können.

Eine Methode hierfür ist es, mit einem Brainstorming Ideen zu sammeln, um Ihr Ziel zu erreichen. Erinnern Sie sich aus Kapitel 1, S. 25, daran, dass es beim Brainstorming darum geht, in kürzester Zeit so viele Ideen wie möglich entstehen zu lassen. Es ist jetzt *nicht* die Zeit dafür, eine Idee zu bewerten, zu beurteilen oder abzulehnen. (Das können Sie später tun.) Notieren Sie einfach alles, was Ihnen spontan in den Sinn kommt. Freuen Sie sich an Ihrer Kreativität und Originalität. Gestatten Sie sich Inspirationen. Vermeiden Sie es, durch die Übung zu hetzen. Nehmen Sie sich Zeit.

Sehen Sie sich dann Ihre Antworten an. Markieren Sie alle Ideen, die Sie für umsetzenswert halten. Überlegen Sie sich die wahrscheinlichen Folgen, die vorteilhaften und die nachteiligen, und wie bereitwillig Sie die volle Verantwortung dafür übernehmen wollen.

Wenden Sie sich als Nächstes Ihrer inneren Quelle der Weisheit zu, um Wissen, Führung und Unterstützung zu erhalten, was Ihr Ziel angeht und die Optionen, die Sie ermittelt haben, um es zu erreichen. Nutzen Sie die

Einstimmungs-Übung aus Kapitel 3, S. 64-66, um diesen Prozess zu erleichtern. Zusätzlich möchten Sie vielleicht auch die reflektive und rezeptive Meditation aus Kapitel 4, S. 79 und 81f anwenden.

Falls Sie zur Unterstützung zum Beispiel eine Meditations-, Gebets- oder Studiengruppe besuchen, können Sie auch der Gruppe vortragen, was Sie sich überlegt haben, um Feedback zu erhalten. Aus unserer Erfahrung in der Findhorn-Gemeinschaft wissen wir, dass die Einbeziehung einer *wohlgesinnten* Gruppe in allen Phasen des Willensaktes sehr hilfreich sein kann.

Phase 3
Entscheiden, es zu tun

Früher oder später muss die Phase der Überlegung abgeschlossen werden, und daher besteht die dritte Phase des Willensaktes darin, unter den verschiedenen Optionen eine Wahl zu treffen. Es bedeutet, sich für eine zu entscheiden und die anderen zu verwerfen.

Wählen Sie nun die Option, die Sie zur Erreichung Ihres Ziels bevorzugen, eine, die realistische Erfolgschancen hat und die Sie (zum Zwecke dieser Übung) in den nächsten Tagen erreichen können. Schreiben Sie sie klar und deutlich auf, und beginnen Sie mit: *»ICH BENUTZE MEINEN WILLEN, UM …«*, zusammen mit allen Gefühlen oder Gedanken, die Sie in Bezug auf die Option und Ihre Wahl haben.

Phase 4
Die Absicht bekräftigen

Die vierte Phase des Willensaktes besteht darin, Ihre Absicht und Ihr Bekenntnis zu Ihrem Ziel zu bekräftigen. Vielleicht finden Sie diese Phase unnötig, aber inzwischen wissen Sie ja, wie sehr Widerstand Ihre besten Bemühungen sabotieren oder zunichte machen kann.

Überlegen Sie sich eine Affirmation, die Ihre Bereitschaft widerspiegelt, Ihr Ziel zu erreichen. Schreiben Sie sie auf, und beginnen Sie mit: *»ICH, (NAME), …«* Verwenden Sie Ihre Affirmation regelmäßig, bis Sie Ihr Ziel erreicht haben. Denken Sie daran, dass es auch hilfreich ist, wenn Sie Ihr erfolgreich erreichtes Ziel visualisieren, während Sie Ihre Affirmation aufschreiben und sprechen.

Phase 5
Die Umsetzung planen

In der fünften Phase des Willensaktes geht es darum, einen detaillierten Plan aufzustellen, um Ihr Ziel zu erreichen. Wie in Phase 2 sind hier Vorüberlegungen notwendig, die aber sehr spezifisch und auf nur eine Option gerichtet sind.

Formulieren Sie nun einen Plan, um Ihr Ziel zu erreichen. Berücksichtigen Sie dabei Faktoren wie: welche Schritte Sie genau durchführen werden und in welcher Reihenfolge; wann Sie sie durchführen wollen, ihre zeitliche Einteilung und Dauer; wo Sie sie durchführen wollen; wer sonst daran beteiligt ist oder berücksichtigt werden muss; welche Hilfsmittel Sie brauchen: Gerätschaften, Materialien, Geld, Platz, Zeit; wie Sie Ihre Bemühungen bewerten werden (Kriterien zur Messung Ihres Erfolgs). Überlegen Sie auch einmal kurz, wie Sie Ihre Bemühungen zur Erreichung Ihres Ziels sabotieren oder zunichte machen könnten. Wie könnte sich Ihr Widerstand äußern? Und wenn ja, wie werden Sie damit umgehen? Werden Sie zulassen, dass er Sie aufhält? Oder werden Sie die bewusste Entscheidung (einen Willensakt) treffen, den Widerstand anzuerkennen und dann einfach weiterzumachen?

Visualisieren Sie regelmäßig sehr anschaulich die Erreichung Ihres Ziels. Stellen Sie sich lebhaft seine ideale Verwirklichung vor. Lassen Sie dabei zu, dass Gefühle wie Enthusiasmus, Entschlossenheit und freudige Erwartung in Ihnen aufkommen. Denken Sie daran, immer positive Gefühle und Gedanken über Ihr Ziel und seine Erreichung zu hegen.

Phase 6
Den Plan ausführen

In der letzten Phase des Willensaktes sorgen Sie für die Ausführung Ihres Plans und nutzen dabei all Ihre inneren Ressourcen, die Sie bei der Erreichung Ihres Ziels unterstützen: Sinneswahrnehmungen, Gefühle und

Emotionen, Wünsche und Antriebe, Intellekt, Vorstellung und Intuition.

Vermeiden Sie es, die Dinge zu manipulieren, zu erzwingen oder zu forcieren. Behalten Sie stattdessen eine klare, positive Absicht, bleiben Sie flexibel und erleichtern Sie sich so die Erreichung Ihres Ziels.

Das Ergebnis bewerten

Wie erfolgreich waren Sie nach Ihren Kriterien bei der Erreichung Ihres Ziels? Was haben Sie aus Ihren Maßnahmen gelernt? Welche Phasen des Willensaktes waren für Sie am angenehmsten, und welche haben bei Ihnen für Widerstand oder andere Probleme gesorgt?

Welche Phasen sind bezeichnend für die Schwierigkeiten, die Sie haben, etwas gegen Ihre Blockaden gegen die Liebe zu tun? Machen Sie sich auch andere Notizen über Ihre Erfahrungen mit einem wohlüberlegten, freien und bewussten Willensakt.

Ein Willensakt gibt Kraft und befreit

Zusammengefasst ist dieser sechsphasige Prozess ein Kraft gebender Prozess, da er unsere Fähigkeit, freie und bewusste Entscheidungen zu treffen und sie wirkungsvoll in die Tat umzusetzen, stärkt und schult. Wie die Leiter in Kapitel 1, S. 18ff, zeigt, gelangen wir zu größerer Freiheit, wenn wir unseren Willen benutzen, um Entscheidungen zu treffen, die uns Kraft geben und uns dienen. Dies hilft uns auch, unser personales Selbst zu erfahren. Erinnern Sie sich an Kapitel 7, S. 158f, in dem erläutert wurde, dass die beiden Funktionen des personalen Selbst darin liegen, Bewusstheit und Willen auszudrücken.

In die Tat umsetzen

Roberto Assagioli schreibt: »Jede Tat des Willens schult den Willen, und jedes bisschen Schulung erlaubt weitere Taten des Willens.« Piero Ferrucci nennt diese synergistische Interaktion einen »virtuosen Kreislauf«.

Hier sind ein paar Vorschläge für Sie, um Ihren Willen zu schulen.

1. **Tägliche Notizen.** Schreiben Sie einige Ihrer Entscheidungen auf. Halten Sie relevante Details fest, zum Beispiel wie Sie die Entscheidung treffen, wer (welcher Teil von Ihnen – welche Subpersönlichkeit) die Entscheidung trifft und wer sie umsetzt, die Art von Widerständen, die Ihnen beim Treffen oder Umsetzen der Entscheidung begegnen, wie die Entscheidung (und Ihr Prozess, sie zu treffen) Ihnen Kraft gibt und Ihnen dient – oder Sie schwächt und einschränkt.

2. **Bewusste Entscheidungen.** Treffen Sie eine Reihe bewusster Entscheidungen, setzen Sie sie um und

sprechen Sie sie laut aus. Zum Beispiel: »Ich entscheide mich jetzt, dieses Buch zu schließen. Ich entscheide mich jetzt, aufzustehen. Ich entscheide mich jetzt, mir eine Tasse Tee zu machen. Ich entscheide mich jetzt, in die Küche zu gehen. Ich entscheide mich jetzt, den Schrank zu öffnen. Ich entscheide mich jetzt, eine Tasse herauszunehmen.« Machen Sie aus jeder einzelnen Handlung das Ergebnis einer vollkommen entschlossenen, bewussten, ausdrücklichen Entscheidung. Ein Nutzen dieser Übung liegt darin, dass Sie mit ihr erleben, wie gewohnheitsmäßig und automatisch unsere Handlungen meist sind.

3. **Handlungsaffirmationen (»Handeln als ob«).** Handeln Sie dann im Anschluss an die obige Übung so, »als ob« Sie die gewünschte Selbstbestimmtheit und die damit einhergehende Autorität, das Vertrauen und die Unabhängigkeit schon ganz besitzen würden. Wie sitzen, stehen, gehen, sprechen Sie? Welche anderen äußeren, körperlichen Gesten, Haltungen und Handlungen stehen Ihnen sonst noch zur Verfügung? Überlegen Sie sich alle äußeren Anzeichen für Selbstbestimmtheit, und bringen Sie sie zum Ausdruck. Stellen Sie dann fest, ob die äußeren, körperlichen Anzeichen entsprechende Gefühle im Inneren hervorrufen. Lesen Sie die Anweisungen für diese Technik noch einmal in Kapitel 5 auf S. 108ff nach.

4. **Dialog mit Ihrer Persönlichkeit und Ihrem Willen.** Schreiben oder improvisieren Sie einen imaginären Dialog zwischen Ihrer Persönlichkeit (oder einer Ihrer

Subpersönlichkeiten) und Ihrem Willen. Wie stehen sie miteinander in Beziehung? Was haben sie sich zu sagen? Wählen Sie die Form, die der Dialog haben soll: vielleicht ein Telefongespräch, ein Zeitschrifteninterview oder ein einaktiges Bühnen-, Radio- oder Fernsehstück.

5. **Persönliches Ziel.** Überlegen Sie sich einfache, spezifische, beobachtbare Aktionen, die Sie »im echten Leben« in den kommenden sieben Tagen durchführen könnten und die ein Schritt in die Richtung wären, mehr Liebe in Ihr Leben zu bringen. Entscheiden Sie sich dann für eine, die Ihnen wichtig ist, eine, die Sie sich als persönliches Ziel setzen. Treffen Sie die bewusste Entscheidung, dieses Ziel zu erreichen. Schreiben Sie es sich zur Erinnerung auf.

Denken Sie daran: Entscheidungen zu treffen stärkt den Willen, was es uns wiederum leichter macht, Entscheidungen zu treffen. Üben Sie also weiterhin, Entscheidungen zu treffen, so oft, frei und bewusst, wie Sie können!

Weiterführende Literatur

In *Die Schulung des Willens,* der Inspirationsquelle für dieses Kapitel, untersucht Roberto Assagioli die Eigenschaften des Willens (starker Wille, geschickter Wille, guter Wille, transpersonaler Wille, universaler Wille), die vielen Aspekte oder Reinformen des Willens und die Stadien des Wollens. Er kommt zu dem Schluss: »Da das Ergebnis eines erfolgreichen Wollens die Befriedigung der Bedürfnisse ist, können wir sehen, dass die Tat des Willens ihrem Wesen nach freudig ist. Und die Realisierung des Selbst, oder genauer, ein Selbst zu sein, gibt ein Gefühl der Freiheit, der Kraft und der Beherrschung, das im Innersten Freude ist.«

In Bezug auf das Thema dieses Buches schreibt Dr. Assagioli: »Eine menschliche Liebe zu kultivieren, die befriedigend, dauernd und schöpferisch ist, ist wahrhaftig eine Kunst. Die menschliche Liebe ist nicht einfach eine Sache des Gefühls, ein herzlicher Zustand oder eine zärtliche Disposition. Gut zu lieben, erfordert all das, was Voraussetzung der Ausübung irgendeiner Kunst, ja, jeder menschlichen Tätigkeit ist, nämlich ein ausreichendes Maß an Disziplin, Geduld und Ausdauer. Wir haben gesehen, dass dies alles Eigenschaften des Willens sind.«

Die bewusste Entscheidung zu lieben ist also ein Willensakt.

In Kapitel 9 beschäftigen wir uns als Nächstes genauer mit Veränderung und Bewahrung und mit ihrem Einfluss auf unsere Entscheidung zu lieben.

Kapitel 9

Sich dafür entscheiden zu verändern

In diesem Kapitel sehen wir uns genauer an, wie unser Verhältnis zu Veränderung und Bewahrung die Art und Weise beeinflusst, wie wir lieben.

Wir müssen Veränderung und ihren Gegensatz, die Bewahrung, wirkungsvoll einsetzen können, wenn wir offener dafür sein wollen, Liebe freier und umfassender zu geben und zu empfangen.

Was ist Veränderung?

Eine Veränderung ist einfach ein Unterschied irgendeiner Art, eine Verschiebung oder ein Wechsel von etwas zu etwas anderem. Veränderungen können allmählich oder plötzlich eintreten, subtil oder intensiv sein, kleinere oder größere Auswirkungen haben. Veränderungen bringen Herausforderungen, Unordnung, Instabilität und Unbekanntes mit sich. Veränderungen bieten aber auch Raum für Neues, Wachstum, Fortschritt und Entwicklung.

Die meisten Menschen sind sich Veränderungen bewusster als Bewahrung, und doch beeinflusst auch die Bewahrung auf ihre Weise, wie wir mehr Liebe in unser Leben bringen.

Was ist Bewahrung?

Bewahrung ist das Gegenteil von Veränderung. Wir sprechen zum Beispiel von Instandhaltungen, von der Wahrung des Status quo oder davon, alles so zu belassen, wie es gerade ist. Die Bewahrung ist somit ganz einfach eine Konservierung, Fortführung oder Erhaltung. Sie respektiert den gegenwärtigen Augenblick, wie er ist, nimmt ihn an und führt ihn fort, ohne etwas daran zu ändern.

Veränderung und Bewahrung sind die entgegengesetzten Enden desselben Spektrums, und im Allgemeinen fühlen wir uns mit einer dieser Eigenschaften wohler als mit der anderen.

Einige Menschen fühlen sich mit Veränderungen recht wohl und finden sie eventuell sogar sehr attraktiv. Meist sind sie ungeduldig oder ruhelos, mit dem Status quo nicht zufrieden und wollen die Freiheit und Anregung, die durch Veränderungen entstehen. Für sie ist es einfach und belebend, Risiken einzugehen. Oft suchen sie eine Veränderung nur um der Veränderung willen und haben den Drang, immer wieder Neues oder anderes zu erleben.

Andere am entgegengesetzten Ende des Spektrums fühlen sich recht wohl damit, die Dinge zu bewahren, wie sie sind, und finden dies eventuell sogar sehr attraktiv. Meist sind sie Veränderungen gegenüber unsicher oder ängstlich und wollen die Ordnung, Stabilität und Sicherheit, die ihnen der Status quo bietet. Sie finden es schwierig und herausfordernd, Risiken einzugehen. Oft lehnen sie Veränderungen nur deshalb ab, weil es Veränderungen sind, und haben das Bedürfnis, alles Bekannte und Vertraute fortzuführen und zu bewahren.

Wie bei den meisten persönlichen Eigenschaften bringen wir gewöhnlich beide Polaritäten zum Ausdruck. So können wir etwa in einem Bereich unseres Lebens gerade Veränderungen anstreben, etwa in unserem Berufsleben, während wir in einem anderen Bereich auf Bewahrung aus sind, zum Beispiel in unserem Beziehungsleben.

Reinformen und Verzerrungen

Die transpersonalen Eigenschaften der Veränderung und Bewahrung können auf vielerlei Arten erfahren und ausgedrückt werden. Einige können als Reinformen betrachtet werden, andere sind verzerrt durch unsere Erfahrungen, Bedürfnisse und Wünsche. Die Liste auf S. 189 enthält Beispiele für beide Formen. Um einen Sinn für sie und für Ihr Verhältnis zu ihnen zu bekommen, überlegen Sie einmal, wie oft Sie jede dieser Eigenschaften erfahren oder zum Ausdruck bringen.

Unser Verhältnis zu Veränderung und Bewahrung beeinflusst unser Verhältnis zu unseren ganz eigenen Barrieren und Blockaden gegen die Liebe und unseren Willen (oder unseren Widerwillen), sie zu überwinden.

Widerstand führt zu Schmerz

Es gibt Zeiten, in denen Veränderungen einfach sind und wir schlicht im Fluss sind. Doch es gibt auch schmerzvolle Zeiten, in denen wir uns gegen notwendige Veränderungen sträuben und nur widerstrebend und schreiend weitergehen.

Es ist jedoch nicht die Veränderung an sich, sondern unser Widerstand dagegen, der den Schmerz verursacht. Eine Veränderung ist nur dann ein Problem, wenn *wir* sie zu einem machen. Wenn wir also lernen, mit den Veränderungen mitzugehen, ohne Angst oder Widerstand, wird das Leben wesentlich einfacher.

Wir können lernen, die Warnzeichen zu erkennen und »mit dem Unvermeidlichen zusammenzuarbeiten«, um unseren Widerstand, den Schmerz und das Leid zu vermeiden. Wir können uns die Bemerkung des Philosophen Ivan Illich ins Gedächtnis rufen: »Schmerz ist menschlich; Leid ist eine Leistung.«*

Reinformen von Veränderung	*Verzerrungen von Veränderung*
Enthusiasmus	Angst vor einer Falle
Freiheit	Angst vor Einschränkung
Kreativität	Energieverschwendung
Spontaneität	Unbeständigkeit
Vitalität	Zerstreutheit/Ungeerdetsein
Wachstum	Ungeduld/Ruhelosigkeit

Reinformen von Bewahrung	*Verzerrungen von Bewahrung*
Anerkennung von Traditionen	Angst loszulassen
Begrenzung	Anhaften
Frieden	Trägheit/Faulheit
Geerdetsein	Engstirnigkeit
Ordnung	Angst vor dem Unbekannten
Pflicht/Loyalität	Langeweile
Stabilität/Stärke	Starrheit/Widerstand

Veränderungen sind Geschenke

Es ist erstaunlich, wie schnell wir uns an Veränderungen gewöhnen können, so lange wir Mut und die Überzeugung haben, dass sie nur zu unserem Besten sind. Es bedeutet zu akzeptieren, dass unser Leben von einem vollendeten Muster durchzogen ist und dass jede Veränderung ein Teil des Plans unseres Gott-Selbst für uns ist. Wir können uns viel leichter an Veränderungen gewöhnen, wenn wir daran denken, sie als *Geschenke* unseres Gott-Selbst zu akzeptieren, die uns Lektionen, Einsichten und Möglichkeiten zum Wachstum bieten.

Die Herausforderung, die in Veränderungen liegt, ist es also nicht, nach Wegen zu suchen, um mit den Schwierigkeiten fertig zu werden, die wir vielleicht damit assoziieren, sondern vielmehr, offen für die *Geschenke* zu sein, die Veränderungen mit sich bringen. Die Frage ist: Können wir jede Veränderung in unserem Leben als Sprungbrett zu etwas Neuem und Wunderbarerem akzeptieren – und nicht als Stolperstein, der uns zu Fall bringen will? Können wir jede Veränderung als Segen akzeptieren?

Eine andere Herausforderung liegt darin, alles anzuerkennen und in unserem Leben zu bewahren, was notwendig und wünschenswert ist, während wir etwas verändern. Nur um der Veränderung willen etwas zu verändern kann ein Zeichen von Ruhelosigkeit oder Ungeduld sein und zu Instabilität, Verwirrung und sogar ins Chaos führen. Die Herausforderung liegt darin, offen für Veränderungen zu sein, sogar Veränderungen herbeizuführen, aber zugleich auch zu wissen, was wir in unserem Leben bewahren müssen – und dies mitten in einer Veränderung.

Wenn wir eine Veränderung erleben, die wir als Krise empfinden, gibt es ein hilfreiches Bild aus der Psychosynthese, demzufolge eine persönliche Krise einfach unser Gott-Selbst ist, das an die Tür unserer Persönlichkeit klopft, um unsere Aufmerksamkeit zu erlangen, und sagt: »Komm, es ist Zeit für dich, einen neuen Schritt zu tun. Es ist Zeit für dich zu wachsen. Es ist Zeit für dich, noch mehr zu werden, was du bist. Ich bin hier. Ich werde dir helfen.«

Übung: Die Herausforderung der Veränderung

Diese Übung soll Ihnen helfen, sich mit Veränderungen und ihren Geschenken wohler zu fühlen. Sie bietet Ihnen hilfreiche Einblicke in Veränderungen in Ihrem Leben und leitet Sie Schritt für Schritt hindurch.

Sie können diese Übung im Hinblick auf eine Veränderung durchführen, die bereits in Ihrem Leben stattfindet, die auf dem Weg zu Ihnen ist oder die Sie gerne in Ihrem Leben hätten.

Wir schlagen Ihnen vor, die Übung vorher aufzunehmen und für Notizen etwas zum Schreiben bereitzuhalten. Vermeiden Sie es, durch die Übung zu hetzen. Nehmen Sie sich Zeit.

Schließe die Augen ... Sitze gerade ... Atme ein paarmal tief ein und aus ... Entspanne dich ... Erlaube deinem Körper, deinen Gefühlen und Gedanken, still zu werden ... Werde wie ein ruhiger, stiller See ...
Lass so viele Gefühle und Gedanken wie möglich los, die du in Bezug auf Veränderungen hast ... Lass

sie gehen ... Gib dir für jetzt die Erlaubnis, Veränderungen einfach als etwas Normales, Natürliches und Notwendiges zu akzeptieren ...
Lass zu, dass eine Erinnerung an eine größere Veränderung zu dir kommt, durch die du einmal gegangen bist, und wie du sie in jener Zeit erlebt hast ... Erinnere dich an das Gute, das sie dir gebracht hat ...
Jetzt überlege dir eine innere Veränderung, die du vornehmen musst, bevor du mehr Liebe in dein Leben bringen kannst ...
Richte deine Aufmerksamkeit auf die genaue Natur der Veränderung ... Was genau geschieht, oder was willst du, das geschieht? ...
Was verlangt diese Veränderung von dir? ...
Lass zu, dass zwei oder drei Vorteile zu dir kommen, die sich durch diese Veränderung in deinem Leben ergeben könnten ...
Was sind deine Gefühle und Gedanken über diese Veränderung? ...
Bist du dir der Ängste, Widerstände oder anderer negativer Gefühle in Bezug auf diese Veränderung bewusst? ... Falls ja, was ist ihr Ursprung – woher kommen sie? ...
Erkenne an, dass diese Negativität dich und deine Beziehungen einschränkt ... Entscheide dich, etwas zu unternehmen, trotz ihres Einflusses auf dich ... Bekräftige deinen Willen, über sie hinauszugehen ...
Dann bekräftige deine Offenheit und deinen Willen, diese Veränderung durchzuführen ...

Was ist die ideale Lösung für diese Veränderung – wie sollte sie nach deinem Wunsch aussehen? …
Nimm dir nun einige Momente Zeit, um zu visualisieren, wie diese ideale Lösung sich Schritt für Schritt erfolgreich entfaltet und du ihr so zur Verwirklichung verhilfst … Male sie dir in allen Farben genau aus … Erlebe sie intensiv …
Wie sieht ein praktischer »nächster Schritt« aus, den du im Hinblick auf diese Veränderung unternehmen kannst? …
Bist du gewillt, diesen Schritt zu tun? … Falls ja, visualisiere dich, wie du diesen bestimmten Schritt erfolgreich unternimmst …
Dann stelle dir vor, dass du die gesamte Veränderung durchlebt hast … Was hat die Veränderung für dich getan – was ist ihr Geschenk an dich? … Inwiefern sind du und dein Leben jetzt anders, vor allem deine Beziehungen? …
Falls diese Veränderung ein Sprungbrett zu etwas Größerem in deinem Leben wäre, was würde das sein? …
Dann stimme dich auf deine innere Quelle der Weisheit ein, um Wissen, Führung und Unterstützung in Bezug auf diese Veränderung zu erhalten …

(BLEIBE IN DIESER STILLE, SOLANGE DU MÖCHTEST.)

Erlaube dann allem zu verschwinden, in deiner eigenen Zeit ... Bringe deine Aufmerksamkeit zurück in den Raum, in dem du dich gerade befindest ... Öffne die Augen ... Atme tief ein ... Und strecke dich sanft ...

Sie können sich gerne Notizen zu Ihrer Erfahrung mit dieser Übung machen oder Zeichnungen anfertigen. Hat sie Ihnen neue Einsichten oder Erkenntnisse beschert?

Vergebung

Eine Veränderung, die wir gewöhnlich bewirken müssen, bevor wie mehr Liebe in unser Leben bringen können, hat mit Vergebung zu tun. Denn wir halten an früheren Verletzungen fest, machen dicht, verschließen uns gefühlsmäßig, um uns zu schützen, und werden so psychisch unfähig, Liebe zu geben und zu empfangen.

Viele Menschen empfinden Vergebung als sehr machtvoll. Warum? Weil sie die Entdeckung machen, dass der Akt des Vergebens ihnen hilft, sich zu verändern.

Was ist Vergebung? In *Ein Kurs in Wundern* heißt es dazu: »Vergebung bedeutet, die Vergangenheit loszulassen. Vergebung bedeutet, loszulassen, was immer wir glauben, das die Menschen, die Welt oder Gott uns angetan haben, und auch, was immer wir glauben, das wir ihnen angetan haben.«* Vergebung ist also ein Akt, in dem etwas freigelassen wird. Deshalb ist eine Veränderung von Herz und Verstand der erste Schritt, um uns selbst oder anderen zu vergeben.

Vergebung heilt

Der größte Akt der Heilung ist der Akt der Vergebung. Es ist auch einer der schwierigsten. Vergebung hilft uns, Altes auszukehren und Platz für Neues zu schaffen. Sie kehrt den Ärger, die Schuld, die Angst und den Schmerz von früher aus und schafft Platz für neue Freiheit, Lebendigkeit, Freude, Liebe und Frieden.

Vergebung ist ein Akt der Güte uns selbst gegenüber, ein Geschenk an uns selbst. Sie kann auch die andere Person heilen, aber *letztendlich findet Vergebung für uns selbst statt, um uns selbst zu heilen, um uns selbst zu befreien.* Vergebung bedeutet nicht: »Ich werde dir vergeben, wenn du dieses oder jenes tust ...«, sondern »Ich werde dir vergeben, weil ich muss, wenn ich jemals wieder frei und voll und ganz leben will.«

Ein Wort der Warnung ist hier allerdings angebracht. Wenn wir glauben, dass wir jemandem vergeben haben, aber dieser Person gegenüber gleichgültig sind, dann ist das keine wahre Vergebung. Wenn wir glauben, dass wir jemandem vergeben haben, und es jetzt vermeiden, diese Person zu sehen, dann ist das keine wahre Vergebung.

Wahre Vergebung lässt unsere Verletzung los, lässt die Vergangenheit los – und wir empfinden für diese Person so wie zum Zeitpunkt, bevor jenes Ereignis stattfand. Wahre Vergebung erlaubt anderen, sie selbst zu sein. Wie Mutter Teresa von Kalkutta sagte: »Vergebung braucht Liebe; Vergessen braucht Demut.«*

Jede Vergebung beginnt damit, sich selbst zu vergeben. Erst dann können wir anderen vergeben.

Wir müssen die Vergangenheit akzeptieren. Dann müssen wir alles gehen lassen, damit wir akzeptieren können, wer und wo wir heute sind, *jetzt*. Warum am Schmerz festhalten? Warum an der Vergangenheit festhalten? Warum sich an genau das klammern, was uns von Liebe abhält?!

Wir müssen Erbarmen mit uns und anderen haben. Wir müssen uns selbst zurück in unser eigenes Herz lassen. Zulassen, dass wir geheilt werden. Zulassen, frei zu sein. Zulassen zu lieben und geliebt zu werden.

Vergebung ist der Schlüssel, der uns die Tür zu mehr Liebe in unserem Leben öffnet. Es ist eine machtvolle Methode, für die wir uns *entscheiden* können, wann immer wir gewillt sind, die Vergangenheit loszulassen und frei und erwartungsvoll in eine ganzheitlichere, erfüllendere Zukunft zu gehen.

In die Tat umsetzen

Hier sind ein paar Vorschläge für Sie, um mit Veränderung, Bewahrung und Vergebung umzugehen.

1. Willensakt. (a) Überlegen Sie sich einen bewussten Willensakt, um etwas in Ihrem Leben zu *verändern*, zum Beispiel eine Gewohnheit, ein Verhaltensmuster oder eine Routine, etwa wie Sie baden oder sich kleiden, wie und was Sie essen, die Route, die Sie einschlagen, wenn Sie weggehen, oder was immer Sie in Ihrer Freizeit tun. Notieren Sie sich dann, wie Sie sich mit dieser Veränderung fühlen.

(b) Überlegen Sie sich außerdem einen bewussten Willensakt, um etwas in Ihrem Leben zu *bewahren*, zum Beispiel, etwas länger zu tun, als es Ihnen lieb ist, etwas hinauszuzögern, das Sie lieber jetzt tun würden, einer Tradition nachzukommen oder eine Treuepflicht oder andere Verpflichtung zu erfüllen. Notieren Sie sich dann, wie Sie sich mit diesem Akt der Bewahrung fühlen.

2. Tägliche Risiken. Fragen Sie sich mindestens einmal pro Stunde (stellen Sie sich einen Wecker): *»WELCHES RISIKO MUSS ICH JETZT EINGEHEN?«* Gehen Sie dann mindestens ein Risiko pro Tag ein.

3. Vergebungsgebet. Denken Sie daran, Gebete für sich zu nutzen. Wir können zu unserem Gott-Selbst beten und es um Hilfe bitten. Hier ist ein kurzes, einfaches Gebet, das wir hilfreich finden.

»Heute bitte ich die Göttlichkeit in mir, mir zu helfen, vollständig zu vergeben.
Hier ist mein Herz. Reinige es.
Erneuere meinen Geist, auf dass ich zu allen liebevoll sein kann.
Ich will niemanden länger verurteilen und verdammen.
Ich lasse deine Liebe in und durch mich fließen,

*damit ich alle Verletzungen voll und ganz vergeben und vergessen kann.
Ich bin dir dankbar für deine Hilfe.
Vielen Dank.«*

4. Altar-Übung. Machen Sie diese Visualisierungsübung erst, *nachdem Sie alles getan haben, was Sie können,* um ein Problem mit einem anderen Menschen oder einer Situation in Ihrem Leben zu lösen und zu heilen. Visualisieren Sie einen großen Altar vor sich. Stellen Sie sich lebhaft vor, wie Sie die Person oder die Situation, mit der Sie Probleme haben, zu dem Altar führen und sie darauf ablegen. Dann treten Sie vom Altar weg und sagen dabei zu Ihrem Gott-Selbst: *»ICH KANN AN DIESER SITUATION NICHTS WEITER ÄNDERN. ICH ÜBERGEBE SIE DIR UND LASSE SIE FREI. BITTE NIMM SIE.«* Sagen Sie es aus vollem Herzen. Öffnen Sie sich dabei einem Geschehen, das zwischen Ihnen und der Göttlichkeit in Ihrem Inneren stattfindet. Öffnen Sie sich dem Gefühl, dass eine schwere Last von Ihnen genommen wird und Sie nun davon befreit sind. Sprechen Sie dann Ihren Dank aus.

Weiterführende Literatur

In *Ein Kurs in Wundern* heißt es, dass es nur zwei Gefühle gibt: Liebe und Angst. Aggressionen, Missgunst, Trennung und Schuld sind nur Verkleidungen von Angst.

Freude, Vergebung und Seelenfrieden sind Aspekte der Liebe. Die Wunder, die das Buch lehrt, liegen in einer veränderten Wahrnehmung, die es uns ermöglicht, die Welt durch die Augen der Liebe statt durch die Augen der Angst zu sehen. Das Buch hat Vergebung als zentrales Thema und beinhaltet 365 tägliche Lektionen, mit denen die Lehren in die Tat umgesetzt werden können.

In *Die inneren Fesseln sprengen* schreibt Phyllis Krystal: »Um vollständig frei zu sein, müssen wir uns von jedem und allem, was uns bindet oder dominiert, losgelöst haben, bzw. von alldem, worin wir Sicherheit suchen und das wir dem Höheren Selbst in uns vorziehen.«

Als Nächstes wollen wir uns in Kapitel 10 genauer mit dem Unterschied zwischen bedingter und bedingungsloser Liebe befassen.

Kapitel 10

Sich dafür entscheiden, bedingungslos zu lieben

In diesem Kapitel befassen wir uns näher damit, wie wir mehr bedingungslose Liebe in unser Leben bringen können.

Die Welt braucht bedingungslose Liebe

Kannst du zu mir und kann ich zu dir »Ich liebe dich« sagen, ohne dass wir uns dabei unbehaglich oder bedroht fühlen oder das Gefühl haben, dass nun etwas von uns erwartet wird? Können wir uns gegenseitig lieben, unabhängig von Alter, Geschlecht oder Herkunft, mit reiner, verstehender Liebe? Mit bedingungsloser Liebe? Die Welt braucht diese Art von Liebe. Die ganze Menschheit braucht diese Art von Liebe. Können wir auf diese Art lieben? Ich glaube ja, aber es genügt nicht, einfach nur davon zu reden. Wir müssen auch etwas tun.

Bedingungslose Liebe bedeutet, Menschen frei, umfassend und offen zu lieben, ohne Erwartungen, Ansprüche oder Einschränkungen. Sie bedeutet absolute Akzeptanz und Achtung, kritisiert nicht und beurteilt nicht. Bedingungslose Liebe ist beständig und wird nicht ein- und ausgeschaltet wie die bedingte Liebe.

Bedingte Liebe bedeutet, dass wir Einschränkungen vornehmen, wen wir lieben wollen und wann. Es bedeutet, Menschen nur zu lieben, wenn sie bestimmte Bedingungen erfüllen, und unsere Liebe zurückzuhalten oder zurückzuziehen, wenn sie nicht erfüllt werden.

Bedingungen, Erwartungen und Ansprüche

In der Liebe – zu einem Partner, einem Familienmitglied, einem Freund oder jemand anderem – haben die meisten von uns unerfüllte Bedürfnisse, die dazu führen, dass wir bestimmte Ansprüche an andere stellen. Je weniger wir unsere Bedürfnisse auf eine gesunde, angemessene Weise erfüllen können, desto anspruchsvoller werden wir. Manche von uns bringen ihre Ansprüche klar und direkt zum Ausdruck, andere behalten sie still für sich. Wir sehen unsere Ansprüche als berechtigte, vernünftige und notwendige Voraussetzungen, um uns der Liebe zu öffnen.

Wie sieht es bei Ihnen aus? Haben Sie eine oder mehrere der folgenden Erwartungen, Bedingungen oder Ansprüche an die Liebe?

Ich liebe dich nur, wenn du ...

- absolut perfekt bist und alle meine Erwartungen erfüllst.
- bewirkst, dass ich mich gut, glücklich, gebraucht, sicher und besonders fühle.
- Dinge für mich tust (Besorgungen/Gefälligkeiten/Hausarbeiten).
- ehrlich und offen mit mir kommunizierst.
- für mich sorgst und mich beschützt.
- mich akzeptierst und respektierst, wie ich bin.
- mich als Erwachsener und als Gleichberechtigter behandelst.
- mich amüsierst, unterhältst und vor Langeweile bewahrst.
- mich anerkennst, ermutigst und verstehst.
- mich bewunderst und mich attraktiv, kompetent, intelligent, verantwortungsvoll und wunderbar findest.
- mich in deinem Leben an die erste Stelle setzt.
- mich nicht ablehnst oder sitzenlässt.
- mich nicht anlügst.
- mich nicht bittest, Verpflichtungen einzugehen.
- mich nicht für selbstverständlich hältst.
- mich nicht infrage stellst oder herausforderst.
- mich nicht manipulierst, benutzt oder missbrauchst.

- mich nicht nervst oder ärgerst.
- mich nicht verdammst, kritisierst, erniedrigst oder beurteilst.
- mich nicht verletzt oder mir Schmerzen zufügst.
- mich zufrieden stellst und alle meine Bedürfnisse erfüllst.
- mich zurückliebst.
- mir beweist, dass du meine Liebe und mein Vertrauen verdienst.
- mir Gesellschaft leistest und mich vor Einsamkeit bewahrst.
- mir gibst, was ich von dir will (Babys/Geld/Sex/Schmuck).
- mir keine Probleme oder Ärger machst.
- mir treu bist, gut, loyal und ehrlich zu mir bist.
- mir zuhörst, meinen Rat befolgst und tust, was ich dir sage.
- mit mir übereinstimmst und mich tun lässt, was ich will.
- nicht versuchst, mich zu verändern und mich nicht bittest, mich zu verändern.
- nicht von mir erwartest, ungewollte Verantwortung zu übernehmen.

- vieles mit mir gemeinsam hast, meine Überzeugungen, Interessen und Werte teilst.
- keine solchen Ansprüche an mich stellst!

Wie schenken Sie Liebe – unter bestimmten Bedingungen oder ohne? Seien Sie ehrlich, aber vermeiden Sie es, sich selbst oder das Ideal der bedingungslosen Liebe zu beurteilen.

Bedingte und bedingungslose Liebe

Einige Menschen schenken anderen ihre Liebe nur, wenn ihre Bedingungen erfüllt sind. Sie ziehen ihre Liebe zurück, wenn ihre Bedingungen unerfüllt bleiben oder gegen sie verstoßen wird. Sie wählen sorgfältig aus, wen sie lieben. Ihre Liebe ist bedingt.

Andere schenken ihre Liebe frei, umfassend und offen, ohne irgendwelche Bedingungen, Erwartungen oder Ansprüche. Sie ziehen ihre Liebe nicht aufgrund dessen zurück, wer andere sind oder was sie tun. Sie suchen sich nicht heraus, wen sie lieben, sondern lassen ihre Liebe zu jedem gleichermaßen hinausströmen. Ihre Liebe ist bedingungslos.

Um einmal Bilanz zu ziehen, welchen Bezug wir eigentlich zu bedingungsloser Liebe haben, können wir uns folgende Fragen stellen.

- Kann ich jederzeit ich selbst sein?
- Kann ich anderen erlauben, sie selbst zu sein, ohne sie zu kritisieren, zu beurteilen oder zu verdammen?
- Kann ich jemanden immer lieben, ohne etwas im Gegenzug dafür zu verlangen?
- Kann ich jemanden immer gleich tief und im gleichen Maße lieben, egal, ob wir zusammen oder getrennt sind?
- Kann ich jemanden weiterhin lieben, wenn ich etwas nicht mag oder gutheiße, was derjenige gesagt oder getan hat?
- Kann ich jemanden so lieben, dass ich aufhören kann, ihm zu helfen, weil ich weiß, dass ich ansonsten sein Wachstum und seine Entwicklung verzögere?
- Kann ich jemanden genügend lieben, um zu akzeptieren, dass er mich für jemand anderen verlässt, und dabei keine Bitterkeit, Verstimmung oder Eifersucht hegen?
- Kann ich jeden gleich lieben und unser aller Einheit und Verbundenheit anerkennen?

Göttliche Liebe

Bedingungslose Liebe ist ein Ausdruck der Göttlichkeit in jedem von uns. Bedingungslose Liebe ist allumfassende Liebe. Sie bringt allem und jedem Akzeptanz entgegen, wenn auch nicht immer Anerkennung. Sie ist einzigartig und universell und ist für uns alle greifbar. Sie ist belebend. Sie ist nährend. Sie erwartet oder verlangt absolut nichts als Gegenleistung. Sie ist ihr eigener Daseinsgrund.

Wir alle haben eine ungemein große Aufgabe zu erfüllen. Es ist die stille Aufgabe, mehr und mehr bedingungslose Liebe in die Welt zu bringen. Es ist wie die Hefe im Teig, die ihre Aufgabe still und leise ohne viel Aufhebens erledigt. Doch ohne sie wäre das Brot ein fester, schwerer Klumpen. Wenn wir beginnen, bedingungslos zu lieben, wird auch die Schwere in unserem Leben leichter.

Wenn wir jedoch nur von der Gefühlsebene aus lieben, dann erwarten wir etwas als Gegenleistung. Unsere Liebe ist dann bedingt und oft auch besitzergreifend, maßlos, bedürftig oder sentimental. So lange wir hauptsächlich auf der Gefühlsebene leben, sind wir Sklaven unserer Emotionen, Marionetten an den Fäden unserer Gefühle, in einem Melodram oder einer Seifenoper nach der anderen.

Die Erfahrung von Freiheit

Wenn wir von der Ebene bedingungsloser Liebe aus leben, das Gott-Selbst in uns als Quelle dieser göttlichen Liebe anerkennen und ihm danken, beginnen wir zu erfahren, was Freiheit bedeutet, und sind emotional nicht länger gefesselt.

Wie wenige von uns leben von dieser Ebene aus! Und wenn ja, wie oft werden wir dann von Menschen missverstanden, die hauptsächlich von der Gefühlsebene aus leben! Wie kompliziert Beziehungen sind, wo sie doch so einfach und klar sein könnten! Umso mehr Grund haben wir, unsere Perspektive zu ändern, wenn nötig auch unsere ganze Denkweise, um so auch den Menschen um uns herum zu helfen, ihre Denkweise zu ändern.

Bedingungslose Liebe kommt nicht sofort. Sie beginnt im Kleinen und wächst ganz allmählich. Was sie uns bringt, ist einfach großartig. Das Leben wird vielfältiger und erfüllender, wenn wir bedingungslose Liebe zu unserem Leitprinzip machen. Es ist eine bewusste *Entscheidung,* die wir treffen können, eine, die uns, allen um uns herum und dem Planeten Erde selbst von großem Nutzen ist. Wir verwandeln die Welt, wenn wir mit der Kraft der bedingungslosen Liebe uns selbst verwandeln.

Wo beginnen?

Einige Menschen finden, bedingungslose Liebe sei viel zu idealistisch, und ihr Scheitern sei schon vorprogrammiert, wenn sie es jemals versuchen würden. Sie empfinden sie als Konzept, das so weit jenseits von ihnen liegt und über sie hinausgeht, dass sie noch nicht einmal wüssten, wo oder wie sie beginnen sollten, sie in ihrem Inneren zu entwickeln.

Der Ort, um damit zu beginnen, ist *hier*. Die Zeit, um damit zu beginnen, ist *jetzt*. Der Weg, um damit zu beginnen, ist es, uns zu *entscheiden*, bedingungsloser Liebe eine hohe Priorität in unserem Leben einzuräumen.

Immer deutlicher zeigt sich, dass das Leben auf unserem Planeten ein riesiges, vernetztes Ganzes ist. Der am weitesten von uns entfernte Mensch auf der Erde ist nur einen Anruf, einen Computerlink, eine Satellitenradio- oder -TV-Übertragung weit weg. Die Milliarden von uns, die den Planeten Erde bevölkern, sind durch fortschrittliche Technologien nun untrennbar miteinander verbunden. Aber wir sind schon immer auch durch eine andere, »innere Technologie« miteinander verbunden gewesen: Der am weitesten entfernte Mensch ist auch nur einen freundlichen und liebevollen Gedanken, eine stille Meditation, ein einfaches Gebet, eine kreative Visualisierung weit weg.

Übung: Bedingungslos lieben

Wir stellen Ihnen deshalb nun eine Übung vor, um Ihnen eine innere Erfahrung bedingungsloser Liebe zu geben, die ursprünglich von der Findhorn-Gemeinschaft als Audiokassette *Loving Unconditionally (Bedingungslos lieben)* herausgegeben wurde. Wir schlagen Ihnen vor, die Übung vorher aufzunehmen. Nehmen Sie sich mindestens 20 Minuten Zeit. Vermeiden Sie es, durch die Übung zu hetzen.

Finde eine bequeme Haltung, sitze gerade ... Schließe die Augen ... Atme ein paar Mal langsam und tief ein und aus ... Atme weiter langsam und tief ... Beobachte deinen Körper ... Tu, was immer notwendig ist, um körperlich vollkommen frei und entspannt zu sein ...

Beobachte deine Gefühle ... Welche Gefühle du auch immer haben magst, angenehme oder unangenehme, lass sie einfach für den Moment los ... Sie sind deine Reaktionen auf Dinge, die in deinem Leben gerade geschehen, und du brauchst sie für diese Visualisierung nicht ... Tu, was immer notwendig ist, um emotional vollkommen frei und entspannt sein ...

Beobachte deinen Verstand ... Tu dasselbe mit allen Gedanken, die du denkst ... Lass auch sie los ... Du brauchst deinen Intellekt und seine analytische und kritische Natur nicht, um dich abzulenken ... Tu, was immer notwendig ist, um intellektuell vollkommen frei und entspannt zu sein ... Lass los, entspanne dich und werde frei ...

Wenn du bereit bist, lenke deine Aufmerksamkeit in deinen Körper, wo dein Herz ist ... Lege für einen Moment deine Hand auf dein Herz, und fühle es schlagen ... In deinem Herzen wohnt die Saat der göttlichen Liebe, der bedingungslosen Liebe ... Erlebe sie jetzt selbst, und stelle dir vor, wie sie beschaffen ist ... Vielleicht ist sie eine Farbe für dich ... Ein Gefühl ... Eine Strahlung ... Eine Schwingung ... Eine Wärme ... Eine Welle ...

Erlebe sie zunächst ganz für sich allein, ohne Bezug zu jemandem oder zu etwas … Lass zu, dass nun reine Liebe in dir ist …
Was immer du jetzt erfährst, wie subtil oder undeutlich es auch sein mag, stell es dir als Liebe vor … Fühle es als Liebe … Vertraue ihm als Liebe… Akzeptiere es als Liebe … Fasse es als deine eigene innere Erfahrung von Liebe auf … Nutze es jetzt als persönlichen Bezug dazu, was bedingungslose Liebe für dich ist …
Akzeptiere es als das, was es wirklich ist: göttliche Liebe, allumfassende Liebe, universelle, belebende, nährende Liebe … Liebe, die nichts als Gegenleistung erwartet … Liebe, die allem und jedem mitfühlende Akzeptanz und Achtung entgegenbringt …
Erlaube dieser bedingungslosen Liebe in dir, langsam durch dein ganzes Wesen zu strahlen … Fühle, wie sie dich anfüllt … Fühle, wie sie dich einhüllt … Fühle, wie du dich selbst bedingungslos liebst … Dich selbst akzeptierst … Dir selbst vertraust … Dir selbst vergibst … Dich selbst wertschätzt …Fühle, wie diese bedingungslose Liebe heilt … Ausgleicht … Und jeden Teil deines Wesens ganz macht …
Fühle, wie sich diese bedingungslose Liebe allmählich nach außen ausdehnt, über dich hinaus, bis sie den ganzen Raum erfüllt, in dem du dich gerade befindest … Dehne dabei auch dein Bewusstsein weiter aus … Bewege dich mit … Wachse mit … Fühle, wie du ein Teil davon bist … Erlebe, wie diese

bedingungslose Liebe in das ganze Gebäude überströmt, und darüber hinaus …
Liebe wird uns gegeben, damit wir sie mit anderen teilen, also beginne zu fühlen, wie diese bedingungslose Liebe zu deinen Mitmenschen hinausströmt … Fühle, wie sie alle, die du liebst, anfüllt und einhüllt … Deine Familie … Deine Freunde … Fühle, wie sie alle, die du nicht magst oder mit denen du gerade Probleme hast, anfüllt und einhüllt … Lass zu, dass bedingungslose Liebe auch von jedem Menschen zu dir zurückkommt … Fühle, wie die heilende Kraft bedingungsloser Liebe dich mit allem und jedem zusammenbringt und vereint …
Fühle, wie alle diese getrennten Ströme in einem großen Strom der Liebe zusammenfließen … Erlebe, wie die bedingungslose Liebe sich ausdehnt und ins ganze Land ausstrahlt … Spüre deine Verbundenheit mit ihm …
Fühle, wie diese bedingungslose Liebe sich weiter ausdehnt und auf den ganzen Planeten ausstrahlt … Spüre und akzeptiere deine Einheit mit ihm …
Fühle, wie diese bedingungslose Liebe sich weiter ausdehnt und ins ganze Universum ausstrahlt … Spüre und akzeptiere deine Ganzheit …
Fühle, wie diese bedingungslose Liebe sich weiter ausdehnt und in die ganze kosmische Schöpfung ausstrahlt … Spüre und akzeptiere deine Vollkommenheit …

Fühle, wie diese bedingungslose Liebe sich weiter ausdehnt und ausstrahlt und das Herz und den Geist Gottes vollkommen umhüllt ... Spüre und akzeptiere dein eigenes göttliches Wesen ...
Bringe dann deine Aufmerksamkeit langsam wieder zurück in deine eigene Gegenwart ... Fühle, wie die bedingungslose Liebe, die du empfunden hast, vollständig in deinem Herzen ist, wo sie tatsächlich schon immer zentriert war und es immer sein wird ... Wisse, dass diese Liebe, wo du auch bist und was auch mit dir geschieht, stets in deinem Herzen ist, bereit, dir den Frieden zu geben, den du jetzt gerade fühlst ...
Sei dir auch bewusst, dass du auf ihren grenzenlosen Vorrat zurückgreifen kannst, wann immer du willst, einfach, indem du dich dafür entscheidest ... Vertraue darauf, dass du diese Erfahrung so oft du möchtest wiederholen kannst, du kannst dich mit den inneren Ebenen des Geistes mit allem und jedem in bedingungsloser Liebe verbinden ...
Öffne jetzt deine Augen, in deiner eigenen Zeit, und nimm die bedingungslose Liebe mit, die du jetzt fühlst ... Nimm sie mit hinaus ... Lege sie offen ... Erlebe sie weiterhin ganz und gar ... Akzeptiere sie als Ausdruck dessen, wer du im Kern deines Wesens bist, und auch als Ausdruck dessen, wer jeder andere ist ...
Während du jetzt diese bedingungslose Liebe in dir fühlst, wisse, dass du das Gott-Selbst in dir fühlst, denn Gott ist Liebe ...

Sie können sich gerne Notizen zu Ihrer Erfahrung mit dieser Übung machen oder Zeichnungen anfertigen. Hat sie Ihnen neue Einsichten oder Erkenntnisse beschert?

Anderen dienen

Warum nach bedingungsloser Liebe streben?

Weil wir nicht um der Liebe willen bedingungslos lieben. Vielmehr lieben wir bedingungslos als Akt des *Dienens*, als Weg, um freiwillig etwas von uns selbst zu geben, als Weg, um uns gegenseitig zu dienen, der Menschheit und der Welt.

Denn in unserer persönlichen Entwicklung kommt eine Zeit, in der wir erkennen, dass wir keine isolierten, unabhängigen Individuen sind, sondern dass wir alle voneinander abhängen. Dann erleben wir echte Zuwendung und echtes Interesse an anderen, werden uns des größeren Ganzen bewusster und verspüren den tiefen Wunsch, unsere Reichtümer, was auch immer sie sind, mit anderen zu teilen.

Der Philanthrop Albert Schweitzer sagte: »Ich weiß nicht, was euer Schicksal sein wird, doch eines weiß ich: Wahrhaft glücklich werden nur diejenigen von euch werden, die dienen wollten und es getan haben.«

Wahres Dienen bedeutet, dass wir jederzeit wir selbst sind und unsere angeborenen transpersonalen Eigenschaften so gut wie möglich zum Ausdruck bringen, und dazu zählt auch die bedingungslose Liebe. Der

Evolutionsprozess verpflichtet uns alle, bewusst mit ihm zu kooperieren; dann beginnen wir die Bedürfnisse des Ganzen zu sehen und richten unsere Mittel darauf aus, diese Bedürfnisse zu erfüllen.

Der Schlüssel zum Dienen ist zu tun, was wir tun *wollen*, nicht tun *müssen*, ohne Anstrengung. Ein uns bekannter Lehrer der Psychosynthese empfiehlt zwei Leitprinzipien, um zu entscheiden, was wir im Leben tun wollen:

- Leisten Sie einen Beitrag.
- Tun Sie es hundertprozentig und aus vollem Herzen.

Wir können uns fragen: »*Wie* kann ich am besten dienen, wo kann ich einen Beitrag leisten, was wird am meisten gebraucht, *wo* kann ich 100 Prozent geben?«

Eine beliebte Redensart liefert die Antwort: »Frage nicht, was die Welt braucht; frage vielmehr, was dein Herz zum Singen bringt. Dann gehe hin und tue es. Denn was die Welt braucht, sind Menschen mit singendem Herzen.«

In die Tat umsetzen

Hier sind ein paar Vorschläge für Sie, um mehr bedingungslose Liebe in Ihr Leben zu bringen.

1. **Affirmationen.** Um zu vermeiden, andere zu beurteilen, zu kritisieren und zu verdammen, sprechen Sie

leise die folgende Affirmation zu sich selbst, wann immer Sie versucht sind, unfreundlich über jemanden zu denken: »*ICH LIEBE DICH, ICH SEGNE DICH, ICH SEHE DIE GÖTTLICHKEIT IN DIR.*« Erinnern Sie sich daran, über den äußeren Schein hinauszusehen. Anerkennen und schätzen Sie Menschen dafür, wer sie sind – ein beständiger Mittelpunkt reinen Selbstbewusstseins, reiner Liebe und reinen Willens.

2. Kreative Meditation (Idealmodell). Stellen Sie sich vor, wie Sie bedingungslose Liebe idealerweise würden ausdrücken wollen – kein vollkommenes Modell, sondern ein realistisches und erreichbares Ideal. Dann visualisieren und erleben Sie sich selbst als dieses Ideal. Gehen Sie langsam Szene für Szene einen ganzen Tag durch, auch Ihre Wechselbeziehungen mit anderen Menschen bei der Arbeit, in der Freizeit und zu Hause. Lesen Sie für diese Übung nochmals die Anweisungen in Kapitel 4, S. 83-85.

3. Engel und Sterbliche. Jedes Jahr Anfang Dezember spielen die Mitglieder der Findhorn-Gemeinschaft ein Spiel namens »Angels and Mortals« (»Engel und Sterbliche«). Sie schreiben ihre Namen auf einen Zettel und legen sie in einen Hut. Wenn alle fertig sind, zieht jeder einen Namen und wird damit zu einem »Engel« für den so gewählten »Sterblichen«. Somit ist jeder sowohl ein Sterblicher als auch ein Engel für einen anderen Sterblichen.

Von da an bis Weihnachten besteht die Aufgabe der Engel darin, ihre Sterblichen auf so viele Arten zu lieben, wertzuschätzen und zu segnen, wie sie es sich vorstellen können – aber anonym, denn Sterbliche wissen niemals, wer ihre Engel sind, bis an Heiligabend. Engel finden kreative Wege und auch willige Helfer, um ihre Sterblichen wissen zu lassen, dass sie von liebevollen Schutzengeln bewacht werden.

In welcher Form sie auch daherkommen, es sind stets Akte bedingungsloser Liebe, weil alle Teilnehmer als Sterbliche darauf vertrauen müssen, die ganze, liebevolle Aufmerksamkeit ihres Engels zu erhalten, *unabhängig* davon, wie viel sie für ihren eigenen Sterblichen tun. So kann sich ihre Aufmerksamkeit mehr darauf richten zu geben statt zu empfangen. Mit diesem Spiel ist es wie mit dem Leben: Wenn jeder gibt, empfängt auch jeder.

Um bedingungslose Liebe zu üben, schlagen wir Ihnen vor, ein »Engel« für jemanden zu werden! Warten Sie damit nicht bis Weihnachten. Tun Sie es jetzt. Wählen Sie einen »Sterblichen« aus, vielleicht jemanden aus Ihrer Familie, Kirche oder Meditationsgruppe, einen Kollegen, einen Nachbarn oder Ihren Postboten, und beginnen Sie, Wege zu finden, um diese Person anzuerkennen, wertzuschätzen und einfache kleine Dinge für sie zu tun – alles natürlich anonym.

Falls Sie sich dabei schüchtern, unbehaglich oder verlegen fühlen, denken Sie daran, dass sie es für die andere Person tun, nicht für sich selbst. Sie brauchen dafür nicht viel Zeit, Geld oder Mühe – nur Liebe:

Halten Sie sich nicht zurück. Öffnen Sie Ihr Herz, und konzentrieren Sie sich auf die Liebe, das Umsorgen, die Freude des Gebens.

Würdigen und segnen Sie diese Person so lange Sie möchten. Oder nehmen Sie sich jede Woche eines neuen Sterblichen an! Enthüllen Sie aber niemals Ihre Identität. Dann können Sie sicher sein, dass all die wundervollen Dinge, die Sie für Ihren Sterblichen tun, Akte reiner, bedingungsloser Liebe sind.

Weiterführende Literatur

In *Bedingungslos lieben lernen: Von der Kraft unserer Gefühle* gibt uns Ken Keyes eine Strategie an die Hand, um bedingungslos zu lieben. Er schreibt: »Bedingungslose Liebe bedeutet zu lernen, die Person und das Problem voneinander zu trennen. Lieben Sie die Person; arbeiten Sie an dem Problem.«

In *Unconditional Love* von John Power, S. J. heißt es: »Liebe ist entweder bedingt oder bedingungslos. Entweder knüpfe ich an meine Liebe für dich Bedingungen oder nicht. In dem Ausmaß, wie ich solche Bedingungen mit ihr verknüpfe, liebe ich dich nicht wirklich. Ich biete dir nur einen Tauschhandel an, kein Geschenk. Und wahre Liebe ist und muss immer ein kostenloses Geschenk sein.«*

Du bist!

Wir schließen dieses Buch so ab, wie wir immer unsere Workshops in der Findhorn-Gemeinschaft beendeten: mit dem Gedicht *You Are! (Du bist!)* von William Arthur Ward aus der Unity-Publikation *You Are a Remarkable Person (Du bist ein bemerkenswerter Mensch).* Lassen Sie sich von den männlichen Pronomen nicht abschrecken; lassen Sie zu, dass Sie mit dem Geist hinter den Worten mitschwingen.

Wenn Gott ist … und Er ist!
Wenn Gott Liebe ist … und Er ist es!
Wenn du nach Seinem Abbild erschaffen wurdest … und das bist du!
Dann bist du Liebe.
Du bist ein Kind der Liebe.
Du bist ein Ausdruck der Liebe.
Du bist ein Kanal der Liebe.
Wenn Gott ist … und Er ist!
Wenn Gott Wahrheit ist … und Er ist es!
Wenn Gott in dir lebt … und das tut Er!
Dann bist du Wahrheit.
Du bist ein Kind der Wahrheit.
Du bist ein Ausdruck der Wahrheit.
Du bist ein Kanal der Wahrheit.
Wenn Gott ist ... und Er ist!
Wenn Gott Ganzheit ist … und Er ist es!

Wenn du ganz von Gott bist … und das bist du!
Dann bist du ganz.
Du bist ein Kind der Ganzheit.
Du bist ein Ausdruck der Ganzheit.
*Du bist ein Kanal der Ganzheit.**

Wenn wir selbst erfahren, welch vielfältiger Nutzen uns daraus entsteht, mehr bedingungslose Liebe in unser Leben zu bringen, dann feiern wir die wahre Freiheit und Freude des Geistes.

Literaturempfehlungen

Die folgenden Werke sind im Buch als weiterführende Literatur aufgeführt. Viele davon sind als britische und amerikanische Ausgabe erhältlich, einige auch auf Deutsch und in anderen Sprachen. Falls irgendeines dieser Bücher nicht mehr gedruckt werden sollte, lohnt es sich, es auch gebraucht zu erwerben.

Assagioli, Roberto, *Die Schulung des Willens – Grundlagen der Psychosynthese,* Junfermann Verlag 2008

Augsburger, David, *Sag mir die Wahrheit, wenn du mich liebst,* Brockhaus Verlag 2001

Caddy, Eileen, and David Earl Platts, *Bringing more Love into Your Life: The Choice is Yours,* 1992, ISBN 0 905249 75 5

Caddy, Eileen, *Herzenstüren öffnen,* Greuthof Verlag 2004

Daily Guideposts, 39 Seminary Hill Road, Carmel, NY 10512, USA: Guideposts Associates, Inc. ANMERKUNG: Dieses Buch wird nur auf postalische Bestellung direkt vom Verleger verkauft; für jedes Kalenderjahr erscheint jährlich eine neue Ausgabe.

Ferrucci, Piero, *Werde was du bist – Selbstverwirklichung durch Psychosynthese,* rororo Verlag 2009

Foundation for Inner Peace, Ein Kurs in Wundern – Textbuch, Handbuch, Übungsbuch für Lehrer, Greuthof Verlag 1994

Gendlin, Eugene T., *Focusing: Selbsthilfe bei der Lösung persönlicher Probleme,* Rowohlt Verlag 2004

Jampolsky, Gerald, *Lieben heißt die Angst verlieren,* Mosaik bei Goldmann 2005

Jeffers, Susan, *Feel the Fear and Do It Anyway,* 1991, ISBN 0 099741008

Keyes, Ken, *Bedingungslos lieben lernen – Von der Kraft unserer Gefühle,* Heyne Verlag 1996

Krystal, Phyllis, *Die inneren Fesseln sprengen – Befreiung von falschen Sicherheiten,* Ullstein Verlag 2006

Leonard, Jim and Laut, Phil, *Vivation: The Science of Enjoying All of Your Life,* 1990, ISBN 0 961013 24 9

Powell, SJ, John, *Unconditional Love,* 1978, ISBN 0 895050 29 3

Ray, Sondra, *Kraft der Liebe – Eine praktische Anleitung zur Erfüllung in Sexualität und Partnerschaft,* Sphinx Verlag 1987

Rowan, John, *Subpersonalities: The People Inside Us,* 1990, ISBN 0 415043 298

Viscott, MD, David, *Risking,* 1977, ISBN 0 671626 90 6

Wakefield, Dan, *The Story of Your Life: Writing a Spiritual Autobiography,* 1990, ISBN 0 807027 09 X

Zuck, Colleen (ed.), *Daily Word* Monthly Magazine, Unity Village, MO 64065, USA. Oder 11 Boyn Hill Avenue, Maidenhead SL6 4ET, England

Über die Autoren

EILEEN CADDY war Mitbegründerin der Findhorn-Gemeinschaft. Zu ihren Büchern gehören *Herzenstüren öffnen, Divinely Ordinary Divenely Human, Mit Gott im Herzen, The Dawn of Change, Spuren auf dem Weg zum Licht* und ihre Autobiografie *Flug in die innere Freiheit.*

Vor einigen Jahren hatte ich einen inneren Dialog mit mir selbst. Ich fühlte, dass ich ihn zu Papier bringen musste, und so schrieb ich:

»Kannst du zu mir und kann ich zu dir ›Ich liebe dich‹ sagen, ohne dass wir uns dabei unbehaglich oder bedroht fühlen oder das Gefühl haben, dass nun etwas von uns erwartet wird? Können wir uns gegenseitig lieben, unabhängig von Alter, Geschlecht oder Herkunft, mit reiner, verstehender Liebe? Mit bedingungsloser Liebe? Die Welt braucht diese Art von Liebe. Die ganze Menschheit braucht diese Art von Liebe. Können wir auf diese Art lieben? Ich glaube ja, aber es genügt nicht, einfach nur davon zu reden. Wir müssen auch etwas tun.«

Ein anderes Mal sagte mir eine innere Weisung, das größte Geschenk, das ich anderen machen könne, sei, ihnen zu helfen, den Gott in ihrem Inneren zu finden. Und genau das versuche ich seither – Menschen anzuleiten, ganz tief in ihr Inneres zu reisen, bis sie bei ihrem Gott-Selbst angekommen sind.

DAVID EARL PLATTS ist Schriftsteller, Dozent und Lehrer und unterrichtet seit mehr als 35 Jahren weltweit als Gruppenleiter. Neben den Büchern, die er zusammen mit Eileen Caddy geschrieben hat, ist er Verfasser von *The Findhorn Book of Building Trust in Groups.*

Nachdem ich in den USA beim Rundfunk und in Universitäten gearbeitet hatte, fand ich zur Findhorn-Gemeinschaft in Schottland, wo ich acht Jahre lang angestellt war und wo Eileen und ich gemeinsam Workshops gaben und Bücher schrieben. Meine Zeit dort war ein sehr wichtiges Kapitel in meinem Leben, denn ich öffnete mich dort einer völlig neuen Welt, und Findhorn wurde zu meinem spirituellen Zuhause.

Dann schließlich zog ich nach London, um eine dreijährige Berater- und Therapeutenausbildung beim Psychosynthesis and Education Trust zu absolvieren. Ich hatte viele zutiefst bewegende Erfahrungen, als ich mehr darüber lernte, die vielen Teile unseres Selbst zu erkennen, zu akzeptieren und zu integrieren.

Ich empfinde tiefe Liebe und Dankbarkeit für die Findhorn-Gemeinschaft und für die Psychosynthese, da sie mich meinem Selbst-Gefühl näher gebracht haben. Für mich sind sie Gold wert, und ich erwähne sie stets voller Begeisterung und Anerkennung in meinen Büchern, Vorlesungen und Workshops.

240 Seiten, broschiert mit abgerundeten Ecken
ISBN 978-3-89845-550-3
€ [D] 11,00

Theo Fischer

Das Tao der Selbstfindung

Das Geheimnis eines sorgenfreien Lebens
Die heutige Gesellschaft verlangt dem Menschen viel ab: Leistungsdruck, Beeinflussung durch die Medien, Technologie im Überfluss, die schier Überhand nimmt ... Und der Mensch entfremdet sich immer mehr von sich selbst, von seiner eigenen Natur.
Theo Fischer zeigt, wie wir aus dem schnell vorwärtsrasenden Zug unseres Lebens aussteigen und uns auf das Fließen des Tao einlassen können. So lernen wir, mit den Herausforderungen des Lebens leichter umzugehen, unserer Intuition zu folgen, stillzuhalten und den eigenen Kräften Raum zu geben.

160 Seiten, mit Farbteil, broschiert mit abger. Ecken
ISBN 978-3-89845-547-3
€ [D] 11,00

Mary Olsen Kelly

Wachse mit deinen Aufgaben

Die Magie der Perle

Die inneren Schätze entdecken
Wir sind alle wie Perlen – ein lebendes Vermächtnis der Natur, einzigartig und viel stärker als es scheint.
Mary Olsen-Kelly weist uns einen Weg, um wie eine Perlenauster an unseren Aufgaben zu wachsen. Sie zeigt, wie wir unsere verschiedenen Facetten erkennen und annehmen und uns über all die gewonnenen Schätze in unserem Leben freuen können.
Und so gelingt es uns, die Herausforderungen des Lebens zu meistern und gestärkt daraus hervorzugehen.

208 Seiten, broschiert
ISBN 978-3-89845-556-5
€ [D] 14,95

Sabine Kühn & Ulla Knoll

Fallstricke auf dem spirituellen Weg

Finde deine Balance

Stolpersteine auf dem Weg zur Erleuchtung

Spiritualität ist eine wertvolle Lebenshilfe, doch viele Menschen verstricken sich auf der Suche nach Erleuchtung im Dschungel von Seminaren und anderen Angeboten.

Die erfahrenen Autorinnen zeigen die verschiedenen Facetten auf, unter denen Spiritualität angeboten wird, und analysieren die »25 Fallstricke«, in denen sich ein spirituell Suchender verfangen kann. Auf nachdrückliche und oft auch humorvolle Weise geben sie dem Leser so die Möglichkeit, bereits erworbenes Wissen für sich selbst noch einmal auf weiteres Wachstumspotenzial hin zu prüfen.

176 Seiten, broschiert
ISBN 978-3-89845-412-4
€ [D] 12,65

Kurt Tepperwein

Nichts geschieht umsonst

Die Sprache des Lebens verstehen

Alles, was uns begegnet, und alles, was uns widerfährt, sind Botschaften des Lebens, die uns etwas Wichtiges mitzuteilen haben. Das Leben spricht ständig zu uns, allerdings müssen wir die Sprache des Lebens erst erlernen.

Wenn Sie diese Sprache beherrschen, ist es Ihnen sogar möglich, die Botschaften des Lebens gezielt abzufragen. Sie können alle Erfahrungen und die verschiedensten Arten von Hinweisen optimal für sich nutzen, um ein erfolgreiches, erfülltes und gesundes Leben zu führen. Ein Buch, das sich mit allen Alltagsthemen auseinandersetzt und keine Fragen offenlässt.

224 Seiten, 2-fbg., broschiert
ISBN 978-3-89845-537-4
€ [D] 14,95

Camilla Tersmeden

Leb dein Leben bunter!

Sei fröhlich, leicht und wunderbar

Jede Zeile in diesem Buch animiert dazu, mehr Freude im Leben zu haben.
Camilla Tersmeden lässt uns eintauchen in die magische und äußerst bunte Welt der Feen, Engel und Elohim. Diese wunderbaren Helfer zeigen uns, dass das Leben eine Spielwiese ist und es an uns selbst ist, uns das Beste herauszupicken. Dass wir das Recht haben, unsere Träume zu leben, Grenzen zu überschreiten und den Himmel auf Erden zu leben. Entdecke daher jetzt, wie du jeden Tag mehr und mehr mit Freude, leichter und bunter leben kannst!

120 Seiten, broschiert
ISBN 978-3-89845-426-1
€ [D] 6,95

Sabine Kühn

Jetzt Sein – Schnelle Zentrierung & Kraftgewinnung

Bewusst im Hier und Jetzt leben
Es gibt Zeiten, in denen nichts so läuft, wie man es sich vorstellt, und in denen man unglaublich unter Druck steht. Man ist gestresst, hektisch und man ist alles andere als zentriert. Fast jeder kennt diese Situationen – doch wie dagegen steuern?
Sabine Kühn hat eine Lösung gefunden, die Sie auf einen Pfad führt, der Sie um den drohenden Burnout leitet. Etwas Einfaches. Etwas Schnelles. Damit kehrt die Struktur wieder in Ihr Leben zurück, ebenso der klare Kopf, der es Ihnen ermöglicht, die Ursachen des Stresses zu erkennen und ihn leichter abzubauen. Die Kraft des "JETZT SEIN" hilft Ihnen, sich zu zentrieren, um wieder Kraft, Ruhe und Gelassenheit zu finden. Mit vielen praktischen Übungen.

Joachim Vieregge

Einfach gute Gedanken

Heilung unseres feinstofflichen Körpers

248 Seiten, broschiert
ISBN 978-3-89845-471-1
€ [D] 16,95

Die Ursache vieler Probleme liegt auf der Ebene unserer Gedanken, auf der sich negative Gedankenformen eingenistet haben.
Joachim Vieregge erklärt, was negative Gedankenformen sind und zeigt uns, wie wir diese auf einfache Weise transformieren und wandeln können, so dass die Last von leidvollen Gedanken aufgehoben wird, an die wir viel zu lange geglaubt haben.
Dann können wir das erleben, was unsere tiefste Sehnsucht ist: Das Leben befreit genießen.

Nathalie Bodin

Ho'oponopono

30 Formeln zur Lösung von Konflikten

152 Seiten, mit Abbildungen, 4-fbg., Klappenbroschur
ISBN 978-3-89845-437-7
€ [D] 14,95

Entdecken Sie Ho'oponopono ganz praktisch für Ihren Alltag.
Nathalie Bodin konzentriert sich auf das Wesentliche im hawaiianischen Vergebungsritual: Die Lösung von Konflikten, wie dies in seinen historischen Anfängen der Fall war. Sie hat das ursprüngliche Ritual wiederaufgegriffen und an das moderne westliche Leben angepasst. Sie bringt uns Ho'oponopono nahe, indem sie uns an 30 alltäglichen Situationen zeigt, wie wir Konflikte erfolgreich mit der Energie des Verzeihens und des Reinigens auflösen können.
Entdecken Sie Weisheit des Ho'oponopono, die auf jeden Konflikt auch in Ihrem Leben anwendbar ist!